Usborne Verlag

Mathe spielend leicht verstehen

Das Einmaleins

Rosie Hore

Illustrationen:
Luana Rinaldo

Gestaltung:
Holly Lamont

Fachliche Beratung: Sheila Ebbutt

Am Ende des Buches findest du die Lösungen für alle Rätsel.

2 · 10

5 · 3

2 · 3

Wie man dieses Buch benutzt

Einmaleins-Reihen sind Listen aus Multiplikationsaufgaben und ihren Lösungen. Wenn du die Reihen beherrschst, kannst du die Zahlen von 1 bis 12 sehr viel schneller und leichter miteinander malnehmen. Wenn Zahlen miteinander malgenommen werden, heißt das auch Multiplikation.

Zum Beispiel:

Ich habe 8 Arme. Wie viele Arme haben wir alle zusammen?

Statt die einzelnen Arme zu zählen, kannst du 3 Kraken mit 8 Armen malnehmen:

Das bedeutet 3 mal 8 ...

$$3 \cdot 8 = 24$$

... und das ergibt insgesamt 24 Arme.

Wenn noch ein Kraken dazu kommt, haben wir $4 \cdot 8 = 32$ Arme.

24 und 32 sind Vielfache von 8 – und gehören damit zur 8er-Reihe des Einmaleins.

Du findest die einzelnen Reihen auf den unten angegebenen Seiten. Natürlich kannst du selbst entscheiden, in welcher Reihenfolge du sie bearbeiten möchtest.

2er **4er**
Seite 4–9

5er **10er**
Seite 10–15

3er **6er**
Seite 18–23

7er **8er** **9er**
Seite 24–33

11er **12er**
Seite 34–37

Für die Rätsel auf Seite 40 bis 58 brauchst du *alle* Reihen.

Nimm dir nicht zu viel auf einmal vor – übe lieber häufiger und dafür in kleinen Mengen.

Tipps und Tricks

Dieses Buch steckt voller Rätsel und Übungen, die dir helfen, die Einmaleins-Reihen von 2 bis 12 zu lernen. Du findest aber auch immer wieder Tipps und Tricks.

Es gibt weniger zu lernen, als du denkst – viele Rechnungen kommen nämlich doppelt vor! Ein Beispiel:

Wie viele Würmer sind das?

Wie viele Knochen liegen vor dem Hund?

$4 \cdot 2 = 8$ Würmer

$2 \cdot 4 = 8$ Knochen

Versuche, die Reihen laut aufzusagen, bevor du mit einer Seite beginnst. Das kann dir beim Merken helfen.

7, 14, 21 …

4, 8, 12, 16 …

Mit den Schnellen Runden kannst du überprüfen, was du bereits gelernt hast. Belohne dich mit einem Stern von den Stickerseiten, wenn du einen Test abgeschlossen hast.

Bei vielen Reihen gibt es Regelmäßigkeiten, zum Beispiel:

$4 \cdot 2 = 8$ $3 \cdot 5 = 15$

$7 \cdot 2 = 14$ $6 \cdot 5 = 30$

$10 \cdot 2 = 20$ $9 \cdot 5 = 45$

Alle Ergebnisse in der 2er-Reihe sind gerade Zahlen.

Alle Ergebnisse der 5er-Reihe enden auf 5 oder 0.

Dieses Buch enthält noch viele ähnliche Hinweise.

Mach dir nichts daraus, wenn du einmal nicht weiterweißt. Hinten im Buch findest du die Lösungen für alle Aufgaben.

Oder du blätterst zu der Seite zurück, auf der die ganze Reihe steht.

Auf der letzten Seite findest du eine Einmaleins-Tabelle, die alle Lösungen für alle Reihen zeigt.

2er

$1 \cdot 2 = 2$

$2 \cdot 2 = 4$

$3 \cdot 2 = 6$

$4 \cdot 2 = 8$

$5 \cdot 2 = 10$

$6 \cdot 2 = 12$

$7 \cdot 2 = 14$

$8 \cdot 2 = 16$

$9 \cdot 2 = 18$

$10 \cdot 2 = 20$

$11 \cdot 2 = 22$

$12 \cdot 2 = 24$

Die 2er-Reihe hilft dir, in Paaren zu zählen.

Ergänze die fehlenden Zahlen.

Wie viele Würmer haben die Vögel gefangen?

$4 \cdot 2 = \boxed{}$

Wie viele Eicheln jongliert das Eichhörnchen?

$6 \cdot 2 = \boxed{}$

Wie viele Flügel haben die Eulen?

$2 \cdot \boxed{} = \boxed{}$

Verbinde die Aufgaben mit den Lösungen, damit jeder Vogel sein Nest findet.

24

18

14

$9 \cdot 2$

$7 \cdot 2$

$12 \cdot 2$

Wenn du nicht weiterweißt, kannst du in der Liste links nachsehen.

Diese Schmetterlinge sind in Paaren unterwegs. Zeichne Netze um die folgende Anzahl Schmetterlinge:

10 Schmetterlinge

16 Schmetterlinge

8 Schmetterlinge

Der Frosch mag nur Fliegen, deren Zahlen in der 2er–Reihe enthalten sind. Streiche alle Fliegen durch, die gefressen werden.

Lecker, gerade Zahlen!

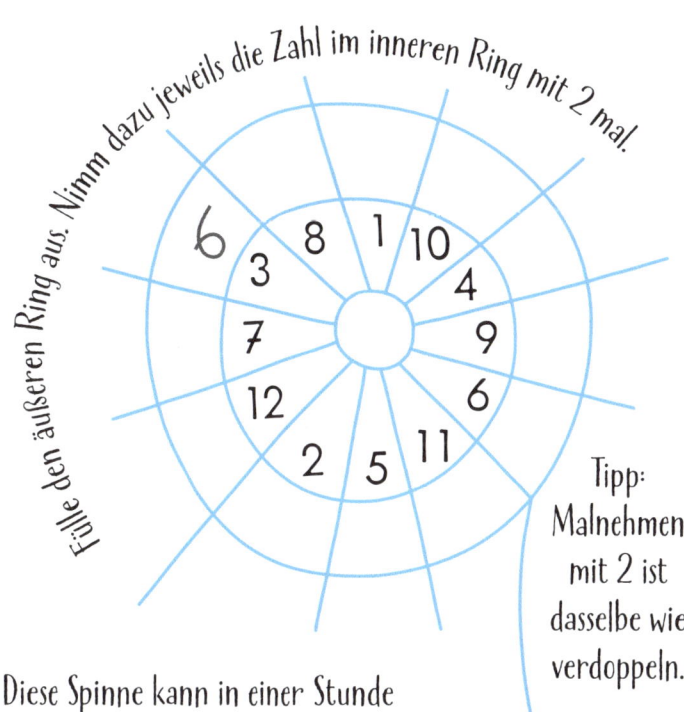

Tipp: Malnehmen mit 2 ist dasselbe wie verdoppeln.

Diese Spinne kann in einer Stunde 2 Netze spinnen. Wie viele schafft sie in 8 Stunden? Kreise die Lösung ein.

16   14   12   18

Löse die Aufgaben unten und male im Schneckenhaus die Felder mit den Lösungen in den richtigen Farben aus.

1 · 2,   2 · 2,   3 · 2,   4 · 2 = blau
5 · 2,   6 · 2,   7 · 2,   8 · 2 = grün
9 · 2, 10 · 2, 11 · 2, 12 · 2 = gelb

Ergänze die fehlenden Zahlen aus der 2er–Reihe auf den Körpern der Raupen.

5

4er

$1 \cdot 4 =$ 4

$2 \cdot 4 =$ 8

$3 \cdot 4 =$ 12

$4 \cdot 4 =$ 16

$5 \cdot 4 =$ 20

$6 \cdot 4 =$ 24

$7 \cdot 4 =$ 28

$8 \cdot 4 =$ 32

$9 \cdot 4 =$ 36

$10 \cdot 4 =$ 40

$11 \cdot 4 =$ 44

$12 \cdot 4 =$ 48

Um eine Zahl mit 4 zu multiplizieren, kannst du sie zweimal verdoppeln.

Ergänze die fehlenden Zahlen.

Wie viele Beine haben die Mäuse?

$3 \cdot 4 = \boxed{}$

Wie viele Knochen liegen vor dem Hund?

$4 \cdot \boxed{} = 8$

Wie viele Punkte haben die Fische?

$4 \cdot \boxed{} = \boxed{}$

Male auf jedem Pfotenabdruck die Felder mit den falschen Zahlen schwarz aus, sodass nur noch die richtigen Lösungen zu sehen sind.

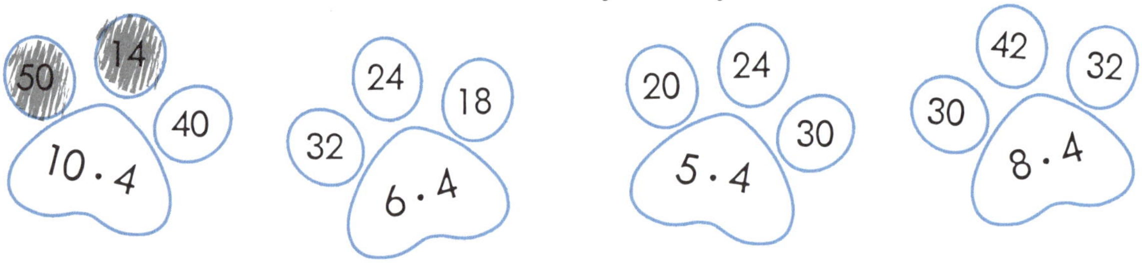

50   14   40 $10 \cdot 4$

24   18   32 $6 \cdot 4$

20   24   30 $5 \cdot 4$

42   32   30 $8 \cdot 4$

Löse die Aufgaben auf den Podesten bei der Tierausstellung und schreibe die Ergebnisse auf die Medaillen der preisgekrönten Leguane.

$9 \cdot 4$

$7 \cdot 4$

$12 \cdot 4$

$11 \cdot 4$

Finde einen Weg, auf dem die Schildkröte alle Vielfachen von 4 fressen kann. Sie kann hinauf, herab, nach links oder rechts laufen, aber sie verschmäht alles, was nicht zur 4er-Reihe gehört.

Löse diese Rechnungen und male dann auf dem Papageienbild die Felder mit den richtigen Ergebnissen in der Farbe der Aufgabe aus.

3 · 4	4 · 4	1 · 4	2 · 4
7 · 4	5 · 4	6 · 4	9 · 4
11 · 4	12 · 4	8 · 4	10 · 4

Die Zahl auf jedem Ball ist das Ergebnis, das man erhält, wenn man die beiden Zahlen der Wollknäule darunter miteinander malnimmt. Kannst du die fehlenden Zahlen ergänzen?

2er   **4er**

Welches Trikot erfüllt alle Vorgaben?

Die Nummer
des Spielers ist:
Kleiner als 8 · 4
Größer als 4 · 2
Ungleich 7 · 4

6

28

10

34

Löse die Aufgaben unten. Alle Kleidungs-
stücke mit einem richtigen Ergebnis sind
bereits trocken. Welches ist noch nass?

3 · 2   9 · 4   12 · 4
7 · 2   10 · 4   11 · 4
11 · 2   9 · 2   5 · 4

6

36

20

14

Ergänze die Wäscheliste.
Wie viele Paare sind es jeweils?

20 Socken = ☐ Paare

10 Handschuhe = ☐ Paare

8 Fäustlinge = ☐ Paare

16 Wandersocken = ☐ Paare

Ein Karton Waschpulver reicht für 2 Wochen. Eine Flasche
Weichspüler reicht für 4 Wochen. Wie viele Kartons und
Flaschen braucht man für ...

12 Wochen = ☐ Kartons und ☐ Flaschen

16 Wochen = ☐ Kartons und ☐ Flaschen

24 Wochen = ☐ Kartons und ☐ Flaschen

Verwende die Sticker, um die Socken an die Leine zu hängen, und folge dabei diesen Regeln.

Gepunktete Socken hängen unter Zahlen, die in der 2er-Reihe *und* der 4er-Reihe vorkommen.

Gestreifte Socken hängen unter Zahlen, die nur in der 2er-Reihe vorkommen.

2   20   12   22   24   8   10

24   48   18   44   40   22

Verbinde die Schuhe mit den passenden Kartons.

4 · 4   1 · 4   4 · 2

6 · 4   8   12 · 2

16

2 · 4   4   6 · 2

3 · 4   12

8 · 2   2 · 2

24

5er

$1 \cdot 5 =$ 5
$2 \cdot 5 =$ 10
$3 \cdot 5 =$ 15
$4 \cdot 5 =$ 20
$5 \cdot 5 =$ 25
$6 \cdot 5 =$ 30
$7 \cdot 5 =$ 35
$8 \cdot 5 =$ 40
$9 \cdot 5 =$ 45
$10 \cdot 5 =$ 50
$11 \cdot 5 =$ 55
$12 \cdot 5 =$ 60

Alle Ergebnisse
in der 5er-Reihe
enden mit
5 oder 0.

Ergänze die fehlenden Zahlen.

Wie viele Leuchten sind an?

$3 \cdot 5 =$ ☐

Wie viele Anzeigen zählst du?

$4 \cdot 5 =$ ☐

Wie viele Räder rollen hier?

$5 \cdot$ ☐ $=$ ☐

Wenn du diesen Robotern eine Zahl gibst, multiplizieren sie diese mit 5. Ergänze die fehlenden Zahlen.

5 $\cdot 5$ $= 25$

☐ $\cdot 5$ $= 55$

10 $\cdot 5$ $=$ ☐

☐ $\cdot 5$ $= 45$

☐ $\cdot 5$ $= 35$

Fange bei der Batterie an und verbinde alle Vielfachen von 5. Du kannst aber nur Linien nach rechts, links, unten und oben ziehen.
Zu welchem Roboter führt die Spur? Male ihn aus.

Batterie

40	25	5	45	48
51	39	14	20	62
7	29	6	10	9
82	52	60	55	11
12	35	50	47	44
30	15	33	23	17

10er

$1 \cdot 10 = 10$

$2 \cdot 10 = 20$

$3 \cdot 10 = 30$

$4 \cdot 10 = 40$

$5 \cdot 10 = 50$

$6 \cdot 10 = 60$

$7 \cdot 10 = 70$

$8 \cdot 10 = 80$

$9 \cdot 10 = 90$

$10 \cdot 10 = 100$

$11 \cdot 10 = 110$

$12 \cdot 10 = 120$

Um eine Zahl mit 10 malzunehmen, setze einfach eine 0 dahinter.

Ergänze die fehlenden Zahlen.

Wie viele Stacheln pieksen hier?

$5 \cdot 10 = \boxed{}$

Wie viele Zähne kannst du zählen?

$6 \cdot 10 = \boxed{}$

Wie viele Augen schauen dich an?

$10 \cdot \boxed{} = \boxed{}$

In jeder Schleimpfütze sitzen 10 kleine Monster. Wie viele sitzen in ...

7 Pfützen? ....

9 Pfützen? ....

12 Pfützen? ....

Jeder Spritzer Anti-Monsterspray verscheucht 10 Monster. Wie viele Spritzer braucht man zum Verscheuchen von ...

110 Monstern? ....

50 Monstern? ....

20 Monstern? ....

Ein großes Monster kann in einer Minute 10 kleine Monster fressen. Wie viele verschlingt es in ...

3 Minuten? ....

6 Minuten? ....

10 Minuten? ....

Diese Monster geben Nachrichten weiter, indem sie sich mit den Fühlern berühren.
Kannst du eine Nachricht von einem roten Monster zum anderen schicken,
indem du alle Vielfachen von 10 ausmalst?

115 · 42 · 103 · 30 · 40 · 15 · 50 · 12

100 · 55 · 20 · 120 · 110 · 70

18 · 115 · 23

70 · 60 · 75

29 · 110 · 35

82 · 97

80 · 105

35 · 15 · 77

40 · 22

50 · 65

36 · 80 · 25 · 33

102 · 90 · 22

57 · 120 · 20 · 70

Monster aus der 10er-Reihe haben hier nichts
verloren! Streiche sie durch, so schnell du kannst.

100 · 5 · 110

120 · 38 · 40

50 · 58

10 · 90

103 · 60

18 · 30 · 115

13

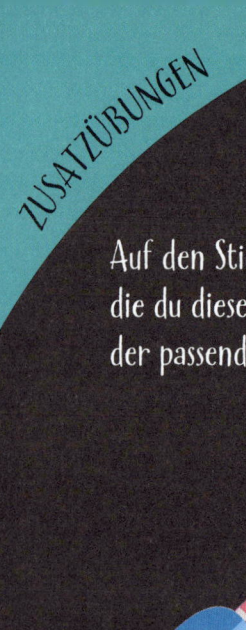

5er **10er**

Auf den Stickerseiten findest du Aufkleber,
die du diesen Raketen als Antriebsflammen mit
der passenden Lösung geben kannst.

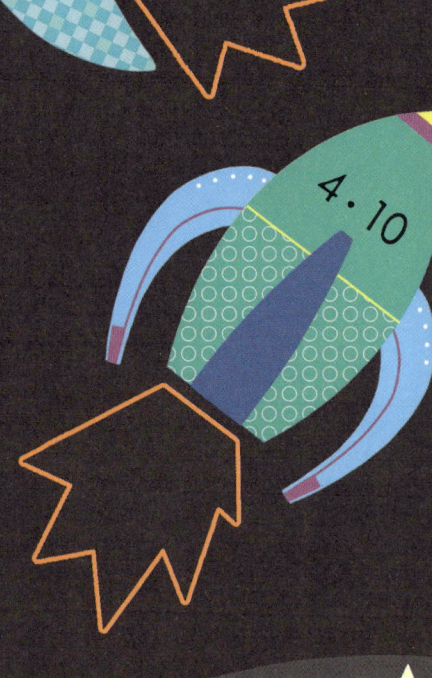

5 · 10

9 · 5

10 · 10

4 · 10

Der Flug von einem Planeten zum nächsten dauert
jeweils fünf Tage. Kannst du diese Aufgaben lösen?

Wie viel Zeit
benötigt man für eine Reise von
Planet Zipp zu Planet Zatt?

4 · ⟨5⟩ = ⟨ ⟩ Tage

Wie lange dauert der Flug von
Planet Zatt zu Planet Zitsch?

5 · ⟨ ⟩ = ⟨ ⟩ Tage

Planet
Zipp

Planet
Zonk

Planet
Zamm

Planet
Zurp

Planet
Zatt

Welcher Außerirdische wurde für die Weltraummission ausgewählt? Seine Nummer ist:

Teil der 5er-Reihe
Größer als 3 · 10
Kleiner als 8 · 5

Kreise den richtigen Außerirdischen ein.

18

32

35

40

30

15

$$5 \cdot \boxed{} = 15$$

$$10 \cdot \boxed{} = 60$$

$$\boxed{} \cdot 9 = 90$$

$$7 \cdot 5 = \boxed{}$$

Wie viele Planeten könnte ich in 25 Tagen bereisen? $\boxed{}$

Wie viele Tage muss man für den Flug von Planet Zopp zu Planet Zonk einplanen? $\boxed{}$ Tage

Wie lange braucht ein Brief von Planet Zing zu Planet Zipp? $\boxed{}$ Tage

Planet Ziep

Planet Zitsch

Planet Zopp

Planet Zwug

Planet Zing

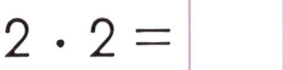

$2 \cdot 2 =$ ☐

$4 \cdot 2 =$ ☐

$6 \cdot 2 =$ ☐

$11 \cdot 2 =$ ☐

$3 \cdot 2 =$ ☐

$1 \cdot 2 =$ ☐

$10 \cdot 2 =$ ☐

$12 \cdot 2 =$ ☐

$9 \cdot 2 =$ ☐

$5 \cdot 2 =$ ☐

$8 \cdot 2 =$ ☐

$7 \cdot 2 =$ ☐

$10 \cdot 4 =$ ☐

$7 \cdot 4 =$ ☐

$5 \cdot 4 =$ ☐

$2 \cdot 4 =$ ☐

$6 \cdot 4 =$ ☐

$12 \cdot 4 =$ ☐

$9 \cdot 4 =$ ☐

$11 \cdot 4 =$ ☐

$3 \cdot 4 =$ ☐

$1 \cdot 4 =$ ☐

$4 \cdot 4 =$ ☐

$8 \cdot 4 =$ ☐

Punkte   Sticker

$\dfrac{}{12}$ ⭐ 2er

Punkte   Sticker

$\dfrac{}{12}$ ⭐ 4er

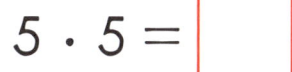

$5 \cdot 5 =$ ☐

$9 \cdot 5 =$ ☐

$11 \cdot 5 =$ ☐

$2 \cdot 5 =$ ☐

$6 \cdot 5 =$ ☐

$3 \cdot 5 =$ ☐

$10 \cdot 5 =$ ☐

$8 \cdot 5 =$ ☐

$4 \cdot 5 =$ ☐

$12 \cdot 5 =$ ☐

$7 \cdot 5 =$ ☐

$1 \cdot 5 =$ ☐

Punkte

$\dfrac{}{12}$

Sticker

5er

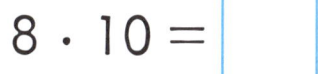

$8 \cdot 10 =$ ☐

$9 \cdot 10 =$ ☐

$3 \cdot 10 =$ ☐

$6 \cdot 10 =$ ☐

$4 \cdot 10 =$ ☐

$12 \cdot 10 =$ ☐

$10 \cdot 10 =$ ☐

$2 \cdot 10 =$ ☐

$5 \cdot 10 =$ ☐

$11 \cdot 10 =$ ☐

$1 \cdot 10 =$ ☐

$7 \cdot 10 =$ ☐

Punkte

$\dfrac{}{12}$

Sticker

10er

3er

$1 \cdot 3 = 3$

$2 \cdot 3 = 6$

$3 \cdot 3 = 9$

$4 \cdot 3 = 12$

$5 \cdot 3 = 15$

$6 \cdot 3 = 18$

$7 \cdot 3 = 21$

$8 \cdot 3 = 24$

$9 \cdot 3 = 27$

$10 \cdot 3 = 30$

$11 \cdot 3 = 33$

$12 \cdot 3 = 36$

Mit der 3er-Reihe kannst du schnell in Dreierschritten zählen.

Ergänze die fehlenden Zahlen.

Wie viele Fähnchen wehen hier?

$2 \cdot 3 = \square$

Wie viele Blumen siehst du?

$3 \cdot \square = 9$

Wie viele Kugeln Eis sind das?

$3 \cdot \square = \square$

Verbinde die Aufgaben mit den richtigen Ergebnissen.

$2 \cdot 3$ 15 $1 \cdot 3$

36 $6 \cdot 3$

$5 \cdot 3$ 18 $12 \cdot 3$ 3 6

3 dieser Muscheln sind nicht in der 3er-Reihe enthalten. Findest du sie?

24   33   30   32   14   3   12   23   27   9

Löse die Aufgaben auf den Wasserbällen und male die Streifen auf den Liegestühlen in den dazu passenden Farben aus.

15 24 21

6 3 9

$7 \cdot 3$
$5 \cdot 3$
$9 \cdot 3$

$4 \cdot 3$
$10 \cdot 3$
$2 \cdot 3$

30 36 33

18 27 12

$3 \cdot 3$
$1 \cdot 3$
$11 \cdot 3$

$12 \cdot 3$ $6 \cdot 3$
$8 \cdot 3$

Ergänze die Zahlenfolge auf den Fußspuren im Sand.

36

12

21 24

6

3

6er

$1 \cdot 6 =$ 6

$2 \cdot 6 =$ 12

$3 \cdot 6 =$ 18

$4 \cdot 6 =$ 24

$5 \cdot 6 =$ 30

$6 \cdot 6 =$ 36

$7 \cdot 6 =$ 42

$8 \cdot 6 =$ 48

$9 \cdot 6 =$ 54

$10 \cdot 6 =$ 60

$11 \cdot 6 =$ 66

$12 \cdot 6 =$ 72

Alle Zahlen in der 6er Reihe sind gerade.

Ergänze die fehlenden Zahlen.

Wie viele Packungen Saft stehen hier?

$3 \cdot 6 = \boxed{}$

Wie viele Cupcakes sind das?

$6 \cdot \boxed{} = 48$

Wie viele Bagels sind in den Tüten?

$6 \cdot \boxed{} = \boxed{}$

Wie viele Eier sind insgesamt in allen Schachteln? Vervollständige die 6er-Reihe auf den Deckeln der Kartons, um es herauszufinden.

6   12

Ergänze die Einkaufsliste für 6 Personen.

12	Brötchen (jeder 2)
	Tomaten (jeder 6)
	Grissini (jeder 4)
	Müsliriegel (jeder 3)
	Kirschen (jeder 10)
	Äpfel (jeder 1)

Alle Kekssorten sollen gerecht auf 6 Teller verteilt werden. Verwende die Sticker, um zu zeigen wie viele Kekse auf 1 Teller kommen.

18 Kokos-kekse

12 Schoko-kekse

24 Kekse mit Kirschfüllung

Fulle den Einkaufskorb. Male dazu alle Lebensmittel aus der 6er-Reihe hinein.

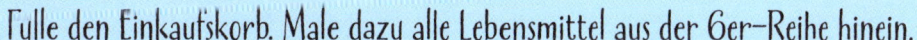

64

22

6

30

66

26

24

14

54

48

3er   6er

Kreise die Federbälle ein, die sowohl in der 3er-Reihe als auch in der 6er-Reihe enthalten sind.

3 12 15 44
21 6 16
24
18
36 40 30
20

Streiche die Basketbälle durch, auf denen die Ergebnisse zu den Aufgaben unten stehen. Welcher Ball bleibt übrig?

10 · 3   9 · 6   6 · 6
11 · 3   8 · 6   4 · 3

54
36 33
12
18
30 48

Zeige dem Kajak den Weg durch die Hindernisse. Kreise dazu die Lösungen zu den Aufgaben ein und verbinde dann die Kreise beginnend bei der kleinsten Zahl aufsteigend bis zur größten.

5 · 6
7 · 3
8 · 3
3 · 6
11 · 3
12 · 6
2 · 6
7 · 6
3 · 3

START

17
46   24
22
9
34   21
12
18   40

Die Zahl auf jedem Ball ist das Ergebnis, das man erhält, wenn man die beiden Zahlen darunter miteinander malnimmt. Kannst du die fehlenden Zahlen ergänzen?

Bei jeder Fahne, an der ein Skifahrer vorbeikommt, erhält er die Punktzahl, die darauf steht. Wie viele Punkte hat jeder Skifahrer gewonnen?

Start

6
2   3   3

3
3   2   3

2   3   1

3
6
6
6
3
3
3
6
6
3
6
6
3
3

PUNKTE

PUNKTE

30
25
52
103
75
42
33
32
72

ZIEL

23

7er

$1 \cdot 7 = 7$

$2 \cdot 7 = 14$

$3 \cdot 7 = 21$

$4 \cdot 7 = 28$

$5 \cdot 7 = 35$

$6 \cdot 7 = 42$

$7 \cdot 7 = 49$

$8 \cdot 7 = 56$

$9 \cdot 7 = 63$

$10 \cdot 7 = 70$

$11 \cdot 7 = 77$

$12 \cdot 7 = 84$

Scherzfrage:
Was ergibt sieben
mal sieben?

(Lösung: Feinen Sand)

Ergänze die fehlenden Zahlen.

Wie viele Glöckchen
tragen die Rentiere?

$2 \cdot 7 = \boxed{}$

Wie viele Fische wurden gefangen?

$7 \cdot \boxed{} = \boxed{}$

Die Messpunkte auf der Strecke der Polarforscher sind jeweils 7 Tagesreisen voneinander entfernt.

Wie lange brauchen sie
vom Basislager zum ...

Messpunkt 3?

$\boxed{}$ Tage

Messpunkt 5?

$\boxed{}$ Tage

Messpunkt 7?

$\boxed{}$ Tage

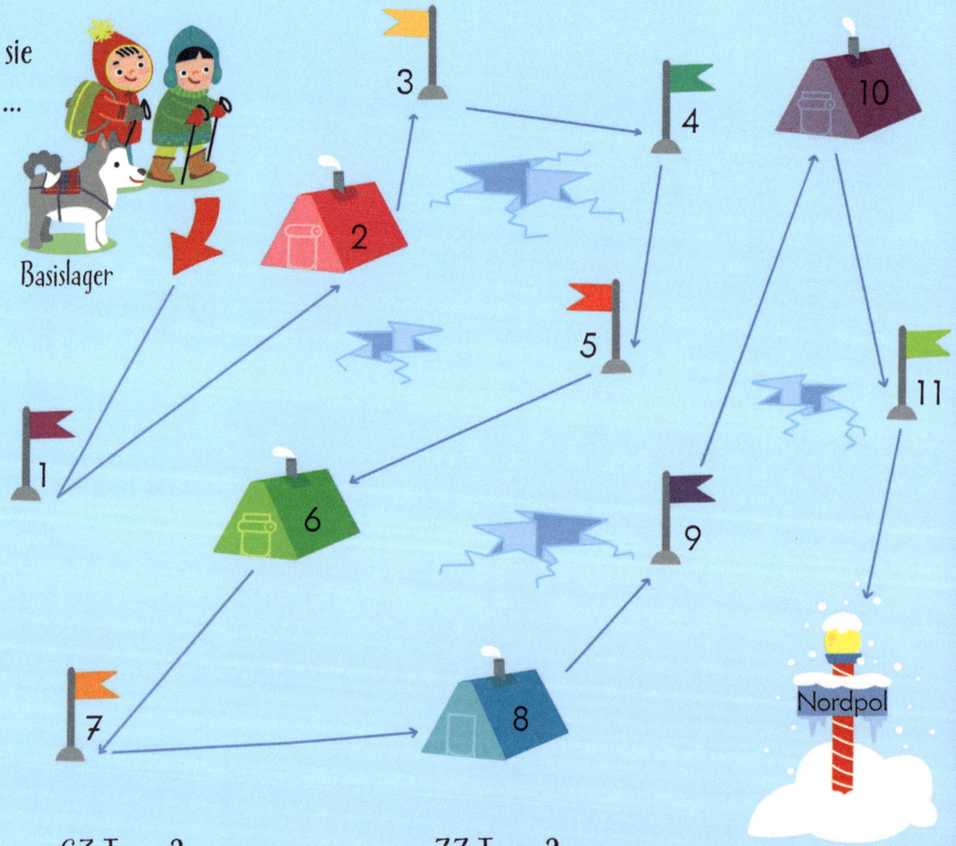

An welchem
Messpunkt
sind sie nach ...

63 Tagen?

Messpunkt $\boxed{}$

77 Tagen?

Messpunkt $\boxed{}$

Basislager

Nordpol

Löse die Aufgaben und vervollständige das Iglu mit den richtigen Stickern.

$8 \cdot 7 =$

$2 \cdot 7 =$

$10 \cdot 7 =$

$9 \cdot 7 =$

$12 \cdot 7 =$

$7 \cdot 7 =$

$4 \cdot 7 =$

$6 \cdot 7 =$

Die Eisanglerin fängt nur Fische aus der 7er-Reihe. Kreise alle Fische ein, die bei ihr anbeißen.

Wer schwimmt unter dem Eis? Verbinde die Punkte aus der 7er-Reihe beginnend bei der kleinsten Zahl aufsteigend bis zur größten.

7   84

14   77

21

35   28

42

49

56   63

70

67

56

21

20

42

44

63

35

52

84   70

8er

$1 \cdot 8 =$ 8

$2 \cdot 8 =$ 16

$3 \cdot 8 =$ 24

$4 \cdot 8 =$ 32

$5 \cdot 8 =$ 40

$6 \cdot 8 =$ 48

$7 \cdot 8 =$ 56

$8 \cdot 8 =$ 64

$9 \cdot 8 =$ 72

$10 \cdot 8 =$ 80

$11 \cdot 8 =$ 88

$12 \cdot 8 =$ 96

So kannst du dir „7 · 8" merken:
5, 6, 7, 8 …
56 = 7 · 8.

Ergänze die fehlenden Zahlen.

Wie viele Arme haben die Kraken?

$3 \cdot 8 =$ ☐

Wie viele Stacheln siehst du insgesamt?

$8 \cdot$ ☐ $=$ ☐

Male das Korallenriff fertig aus, sodass Aufgaben und Lösungen dieselbe Farbe haben.

96

64

40

80

8 · 10

64

40

72

88

8 · 2

5 · 8

64

Kreise das Seepferdchen mit der kleinsten und den Fisch mit der größten Zahl ein.

$8 \cdot 3 =$ ☐

$1 \cdot 3 =$ ☐

$7 \cdot 3 =$ ☐

$6 \cdot 3 =$ ☐

$3 \cdot 3 =$ ☐

$9 \cdot 3 =$ ☐

$5 \cdot 3 =$ ☐

$10 \cdot 3 =$ ☐

$4 \cdot 3 =$ ☐

$12 \cdot 3 =$ ☐

$11 \cdot 3 =$ ☐

$2 \cdot 3 =$ ☐

Punkte　　Sticker

$\dfrac{}{12}$　⭐ 3er

$6 \cdot 6 =$ ☐

$10 \cdot 6 =$ ☐

$3 \cdot 6 =$ ☐

$4 \cdot 6 =$ ☐

$7 \cdot 6 =$ ☐

$12 \cdot 6 =$ ☐

$2 \cdot 6 =$ ☐

$11 \cdot 6 =$ ☐

$8 \cdot 6 =$ ☐

$1 \cdot 6 =$ ☐

$9 \cdot 6 =$ ☐

$5 \cdot 6 =$ ☐

Punkte　　Sticker

$\dfrac{}{12}$　⭐ 6er

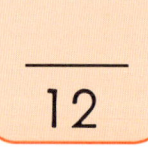

$1 \cdot 7 =$ ☐

$9 \cdot 7 =$ ☐

$11 \cdot 7 =$ ☐

$12 \cdot 7 =$ ☐

$6 \cdot 7 =$ ☐

$3 \cdot 7 =$ ☐

$10 \cdot 7 =$ ☐

$7 \cdot 7 =$ ☐

$4 \cdot 7 =$ ☐

$8 \cdot 7 =$ ☐

$5 \cdot 7 =$ ☐

$2 \cdot 7 =$ ☐

Punkte   Sticker

$\dfrac{}{12}$ ⭐ 7er

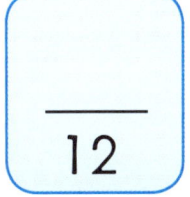

$4 \cdot 8 =$ ☐

$6 \cdot 8 =$ ☐

$9 \cdot 8 =$ ☐

$12 \cdot 8 =$ ☐

$2 \cdot 8 =$ ☐

$7 \cdot 8 =$ ☐

$3 \cdot 8 =$ ☐

$5 \cdot 8 =$ ☐

$8 \cdot 8 =$ ☐

$11 \cdot 8 =$ ☐

$10 \cdot 8 =$ ☐

$1 \cdot 8 =$ ☐

Punkte   Sticker

$\dfrac{}{12}$ ⭐ 8er

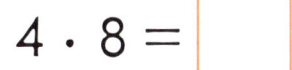

9er

$1 \cdot 9 =$ 9

$2 \cdot 9 =$ 18

$3 \cdot 9 =$ 27

$4 \cdot 9 =$ 36

$5 \cdot 9 =$ 45

$6 \cdot 9 =$ 54

$7 \cdot 9 =$ 63

$8 \cdot 9 =$ 72

$9 \cdot 9 =$ 81

$10 \cdot 9 =$ 90

$11 \cdot 9 =$ 99

$12 \cdot 9 =$ 108

Die Ziffern der Lösungen ergeben zusammengezählt immer 9 (bis zu $10 \cdot 9$).

Ergänze die fehlenden Zahlen.

Wie viele Reagenzgläser stehen hier?

$2 \cdot 9 =$ ☐

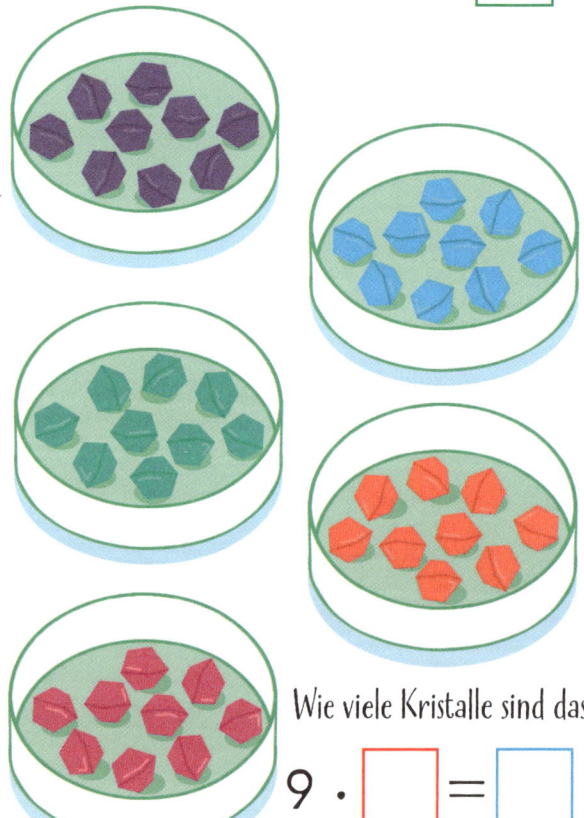

Wie viele Kristalle sind das?

$9 \cdot$ ☐ $=$ ☐

Kannst du die Notizen der Wissenschaftlerin ergänzen?

Jede Pipette fasst 9 Tropfen. Wie viele Tropfen sind insgesamt in …

3 Pipetten? ☐

8 Pipetten? ☐

12 Pipetten? ☐

Bei jeder chemischen Reaktion entstehen 9 Blasen. Wie viele Reaktionen braucht man für …

72 Blasen? ☐

36 Blasen? ☐

99 Blasen? ☐

Ich benötige 9 Reagenzgläser pro Experiment. Wie viele benötige ich für …

2 Experimente? ☐

6 Experimente? ☐

9 Experimente? ☐

Lasse mit den Stickern alle Blasen platzen, die nicht zur 9er-Reihe gehören.

85

19

73   18   45   81   27

36   42   99

62

Fülle die Kolben bis zur richtigen Linie.
Der erste ist schon vorbereitet.

9·9

4·9

3·9   —108
       —99
       —90
       —81
       —72
       —63
       —54
       —45
       —36
       —27
       —18
       —9

—108
—99
—90
—81
—72
—63
—54
—45
—36
—27
—18
—9

7·9

—108
—99
—90
—81
—72
—63
—54
—45
—36
—27
—18
—9

—108
—99
—90
—81
—72
—63
—54
—45
—36
—27
—18
—9

Klebe Explosions-Sticker über die Kolben,
deren Aufgaben zu diesen Lösungen passen:

54   72   18
99   90   108

1·9

6·9   11·9   10·9   2·9   9·9   8·9   12·9

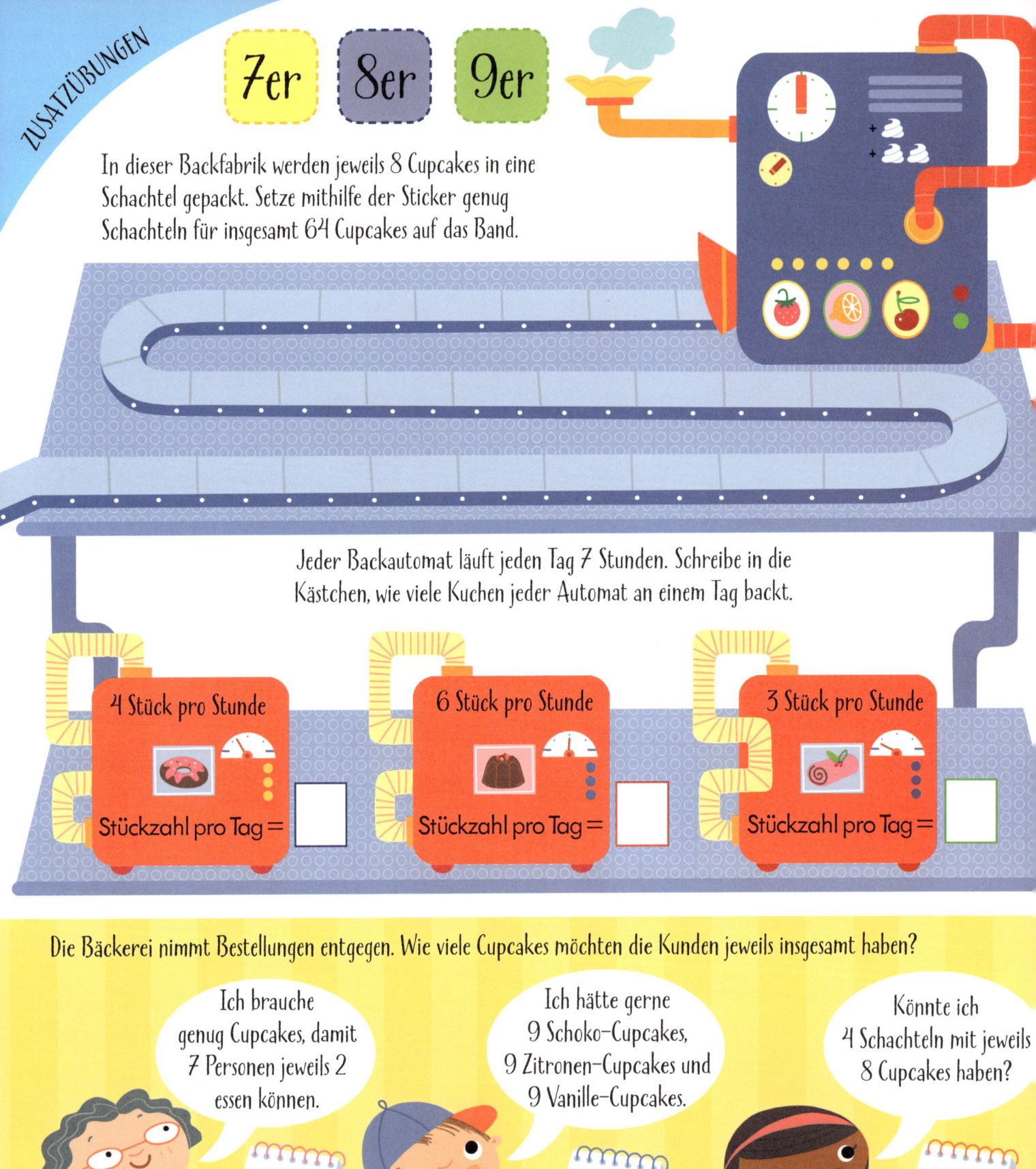

7er **8er** **9er**

In dieser Backfabrik werden jeweils 8 Cupcakes in eine Schachtel gepackt. Setze mithilfe der Sticker genug Schachteln für insgesamt 64 Cupcakes auf das Band.

Jeder Backautomat läuft jeden Tag 7 Stunden. Schreibe in die Kästchen, wie viele Kuchen jeder Automat an einem Tag backt.

4 Stück pro Stunde

Stückzahl pro Tag =

6 Stück pro Stunde

Stückzahl pro Tag =

3 Stück pro Stunde

Stückzahl pro Tag =

Die Bäckerei nimmt Bestellungen entgegen. Wie viele Cupcakes möchten die Kunden jeweils insgesamt haben?

Ich brauche genug Cupcakes, damit 7 Personen jeweils 2 essen können.

.... Cupcakes

Ich hätte gerne 9 Schoko-Cupcakes, 9 Zitronen-Cupcakes und 9 Vanille-Cupcakes.

.... Cupcakes

Könnte ich 4 Schachteln mit jeweils 8 Cupcakes haben?

.... Cupcakes

Verziere diese Cupcakes nach der folgenden Anleitung:

Vielfache von 7 = blau
Vielfache von 8 = lila
Vielfache von 9 = gelb

Die Verziermaschine verteilt die Dekorationen gleichmäßig auf 9 Cupcakes. Fülle die Kästchen aus ...

⭐ 45 Sterne ergeben

Sterne pro Cupcake

🌸 36 Blumen ergeben

Blumen pro Cupcake

27 Zuckerstreusel ergeben

Zuckerstreusel pro Cupcake

🟢 54 Liebesperlen ergeben

Liebesperlen pro Cupcake

... und verziere dann diesen Cupcake.

35 96 77 108 45 88 40 70

Ohje! Jemand hat Mehl über diese Rezepte geschüttet. Vergleiche die Rezepte, um die fehlenden Zahlen auszurechnen, und fülle dann die Lücken.

Für 7 Kuchen

7 Eier
14 Orangen
Zitronen
Tassen Zucker
35 Tassen Mehl

Für 8 Kuchen

8 Eier
Orangen
24 Zitronen
Tassen Zucker
Tassen Mehl

Für 9 Kuchen:

9 Eier
Orangen
Zitronen
36 Tassen Zucker
Tassen Mehl

11er

$1 \cdot 11 = 11$

$2 \cdot 11 = 22$

$3 \cdot 11 = 33$

$4 \cdot 11 = 44$

$5 \cdot 11 = 55$

$6 \cdot 11 = 66$

$7 \cdot 11 = 77$

$8 \cdot 11 = 88$

$9 \cdot 11 = 99$

$10 \cdot 11 = 110$

$11 \cdot 11 = 121$

$12 \cdot 11 = 132$

Bis zu $9 \cdot 11$ sind die beiden Ziffern der Lösung jeweils gleich und entsprechen der Zahl, mit der du sie mal 11 nimmst.

Ergänze die fehlenden Zahlen.

Wie viele Räder sind hier gestapelt?

$3 \cdot 11 = \boxed{}$

Wie viele Karos sind auf den Helmen?

$11 \cdot \boxed{} = \boxed{}$

Klebe die Autosticker mit den passenden Lösungen auf die Startpositionen.

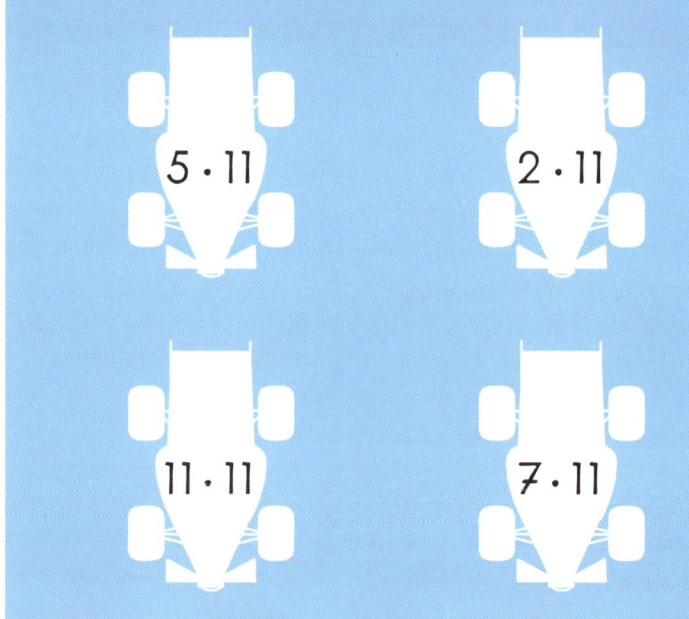

Findest du einen Weg aus der Radmitte zum Rand? Du darfst aber nur an Zahlen aus der 11er-Reihe vorbeifahren.

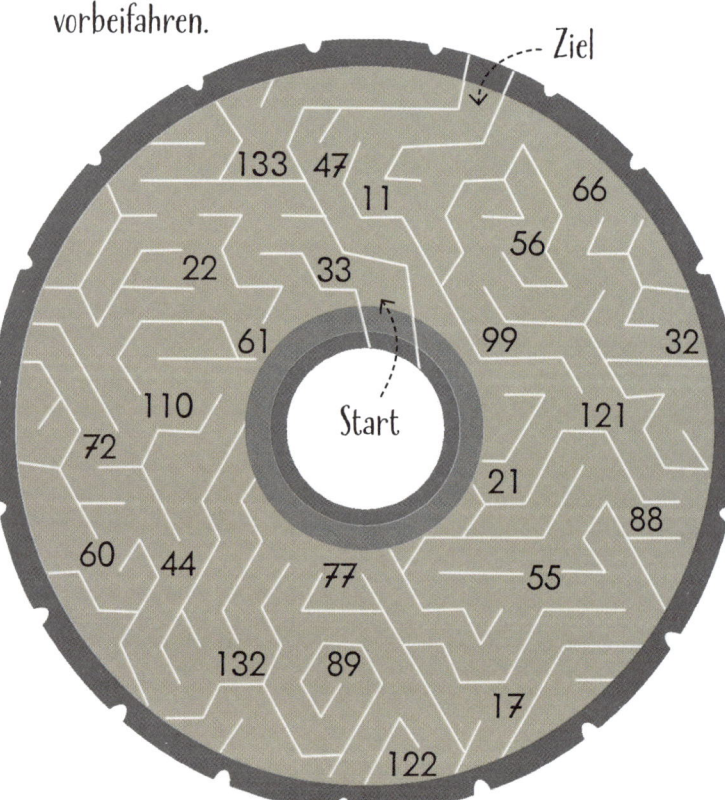

Dieses Rennauto düst in 11 Sekunden von einer Fahne zur nächsten. Welche Position erreicht es von der roten Startfahne aus in ...

11 Sekunden?
schwarze Fahne

44 Sekunden?
....

55 Sekunden?
....

77 Sekunden?
....

110 Sekunden?
....

132 Sekunden?
....

Die Mechaniker brauchen 11 Sekunden, um ein Rad zu wechseln. Wie lange dauert es, alle Räder von insgesamt 3 Autos auszutauschen? Kreise die Lösung ein.

33   44

122   132   144

Tipp: Überlege dir zuerst, wie viele Räder es insgesamt sind.

Boxengasse

Welches Auto verlässt die Boxengasse als Nächstes? Seine Nummer ist größer als $6 \cdot 11$, aber kleiner als $9 \cdot 11$.

87

100

62

12er

$1 \cdot 12 = 12$

$2 \cdot 12 = 24$

$3 \cdot 12 = 36$

$4 \cdot 12 = 48$

$5 \cdot 12 = 60$

$6 \cdot 12 = 72$

$7 \cdot 12 = 84$

$8 \cdot 12 = 96$

$9 \cdot 12 = 108$

$10 \cdot 12 = 120$

$11 \cdot 12 = 132$

$12 \cdot 12 = 144$

Die einzige
neue Aufgabe ist
$12 \cdot 12$!

Ergänze die fehlenden Zahlen.

Wie viele Sterne sind auf den Bannern?

$$3 \cdot 12 = \boxed{}$$

Male die Schilde der Ritter
nach der Anleitung unten aus.

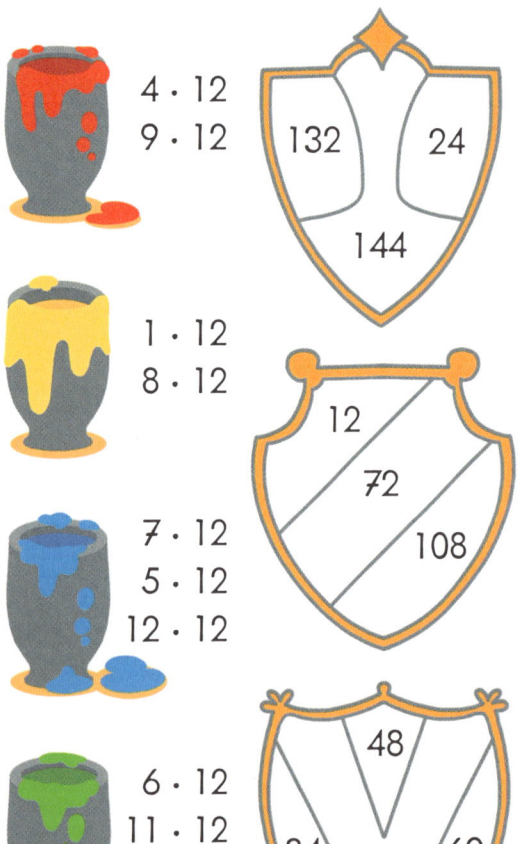

$4 \cdot 12$
$9 \cdot 12$

132   24

144

$1 \cdot 12$
$8 \cdot 12$

12

72

108

$7 \cdot 12$
$5 \cdot 12$
$12 \cdot 12$

$6 \cdot 12$
$11 \cdot 12$
$2 \cdot 12$

48

84   96   60

Wie viele Fenster haben die Burgen?

$$12 \cdot \boxed{} = \boxed{}$$

Vervollständige die Einkaufsliste
für den Burgkoch. Er muss 12 hungrige
Ritter verköstigen.

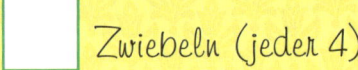

☐ Zwiebeln (jeder 4)

☐ Hähnchen (jeder 2)

☐ Kartoffeln (jeder 10)

☐ Brotlaibe (jeder 3)

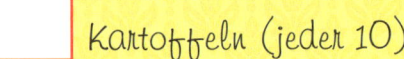

☐ Äpfel (jeder 6)

☐ Würste (jeder 5)

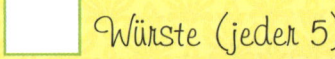

Hilf dem Ritter bei der Flucht aus dem Labyrinth.
Er darf nur über Zahlen aus der 12er-Reihe laufen.

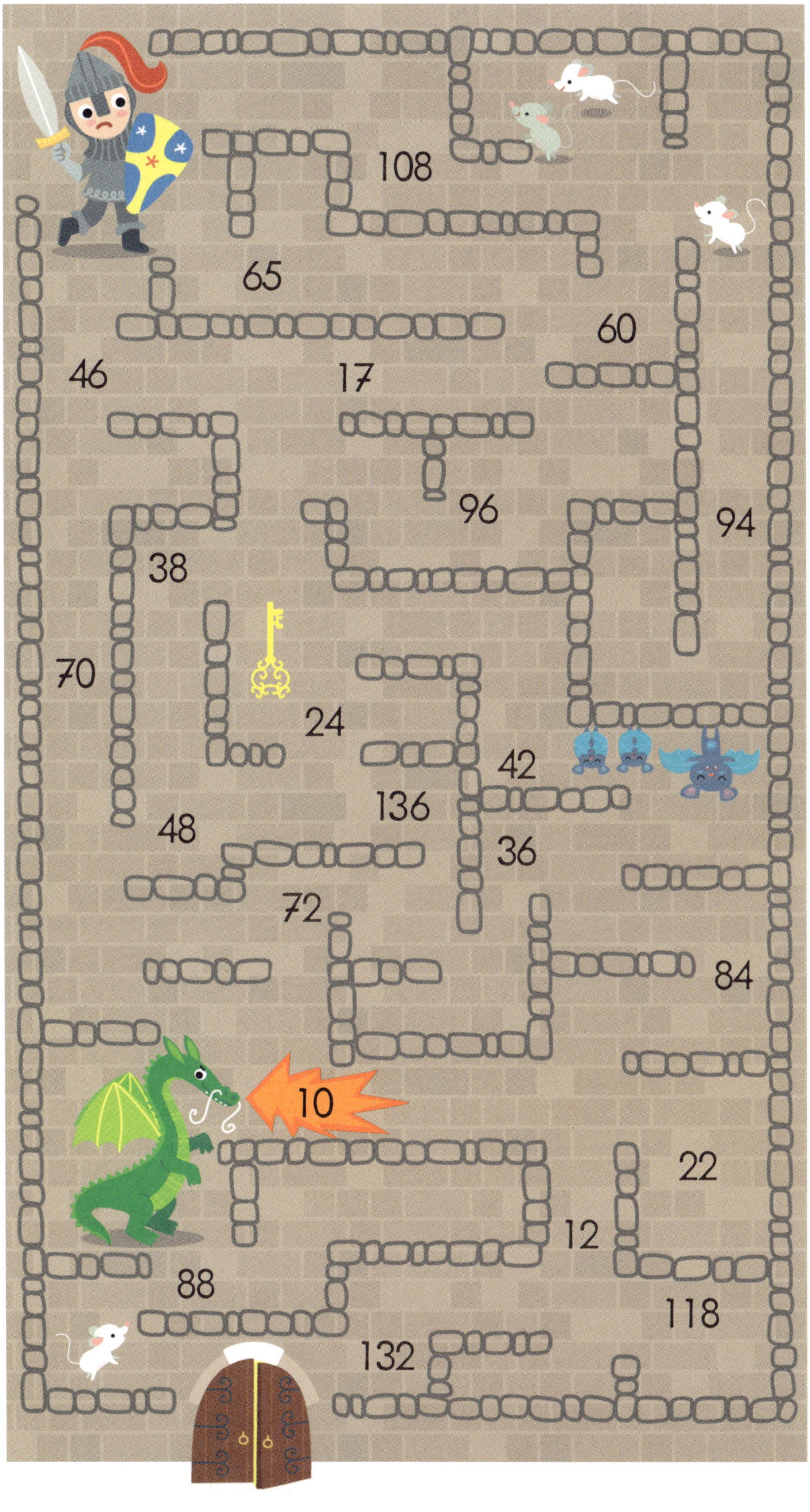

108

65

60

46   17

96   94

38

70

24

42

48   136   36

72

84

10

22

12

88   118

132

Wie viele Punkte hat jeder
Bogenschütze gesammelt?

3
7
11
12 9 8 4
10
6
5

Punkte

2 4 6   11   8   3
12
10
9
7

Punkte

3
8
10
12   7 5 4
11
4
2

Punkte

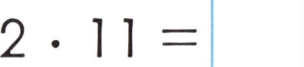

11 · 9 = ☐

9 · 9 = ☐

4 · 9 = ☐

12 · 9 = ☐

7 · 9 = ☐

1 · 9 = ☐

8 · 9 = ☐

3 · 9 = ☐

6 · 9 = ☐

10 · 9 = ☐

2 · 9 = ☐

5 · 9 = ☐

2 · 11 = ☐

11 · 11 = ☐

3 · 11 = ☐

10 · 11 = ☐

1 · 11 = ☐

12 · 11 = ☐

5 · 11 = ☐

4 · 11 = ☐

6 · 11 = ☐

7 · 11 = ☐

9 · 11 = ☐

8 · 11 = ☐

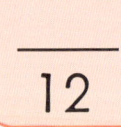

Punkte — / 12   Sticker 9er

Punkte — / 12   Sticker 11er

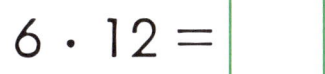

$6 \cdot 12 =$ ☐

$3 \cdot 12 =$ ☐

$11 \cdot 12 =$ ☐

$5 \cdot 12 =$ ☐

$4 \cdot 12 =$ ☐

$1 \cdot 12 =$ ☐

$2 \cdot 12 =$ ☐

$7 \cdot 12 =$ ☐

$10 \cdot 12 =$ ☐

$12 \cdot 12 =$ ☐

$8 \cdot 12 =$ ☐

$9 \cdot 12 =$ ☐

Punkte   Sticker

$\dfrac{\quad}{12}$

12er

$12 \cdot 3 =$ ☐

$8 \cdot 8 =$ ☐

$6 \cdot 10 =$ ☐

$4 \cdot 4 =$ ☐

$12 \cdot 10 =$ ☐

$11 \cdot 12 =$ ☐

$8 \cdot 6 =$ ☐

$8 \cdot 7 =$ ☐

$12 \cdot 6 =$ ☐

$3 \cdot 9 =$ ☐

$9 \cdot 4 =$ ☐

$9 \cdot 9 =$ ☐

Punkte   Sticker

$\dfrac{\quad}{12}$

Alle Reihen

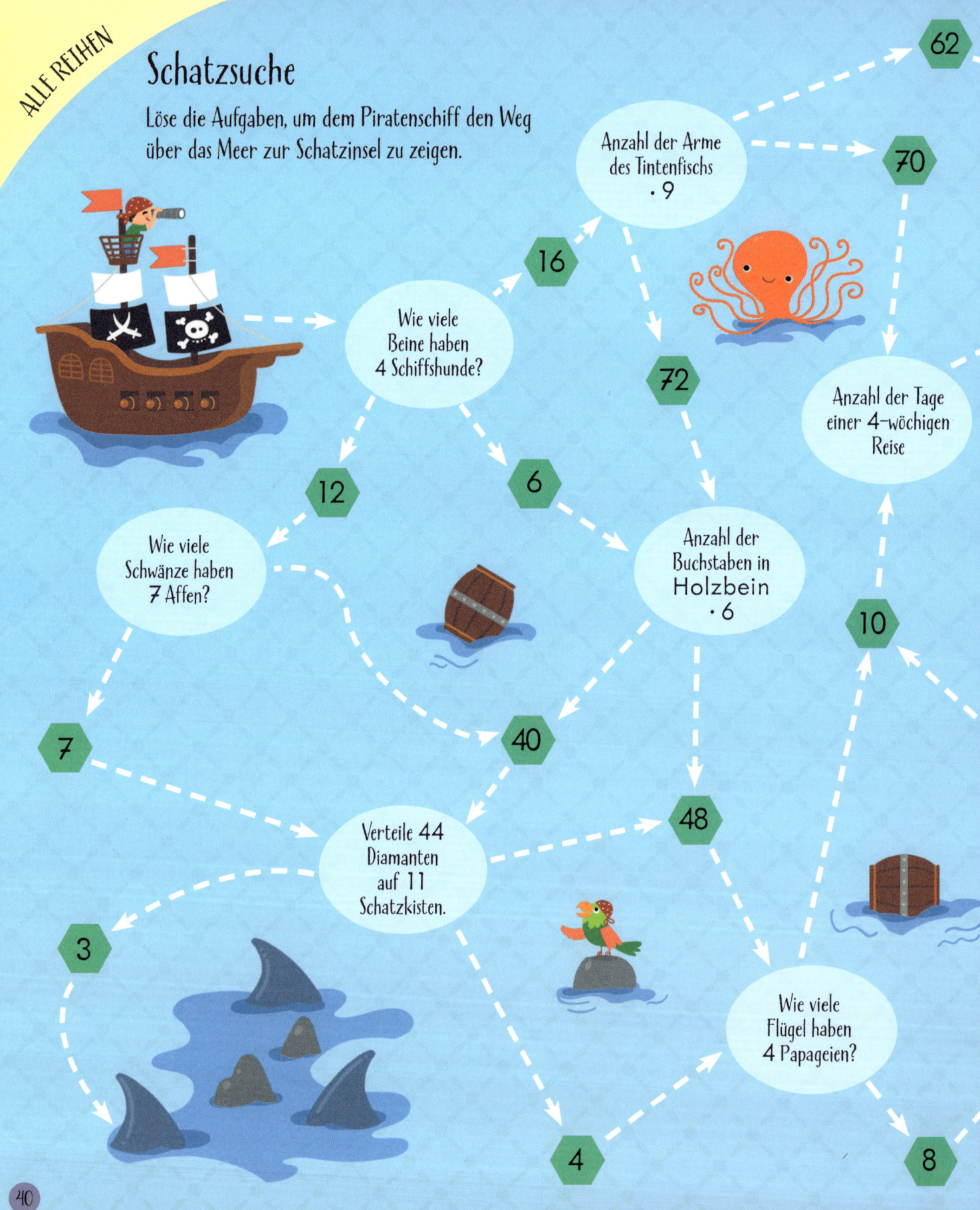

Schatzsuche

Löse die Aufgaben, um dem Piratenschiff den Weg über das Meer zur Schatzinsel zu zeigen.

62

70

Anzahl der Arme des Tintenfischs
· 9

16

Wie viele Beine haben 4 Schiffshunde?

Anzahl der Tage einer 4-wöchigen Reise

12

6

72

Wie viele Schwänze haben 7 Affen?

Anzahl der Buchstaben in **Holzbein**
· 6

10

7

40

48

3

Verteile 44 Diamanten auf 11 Schatzkisten.

Wie viele Flügel haben 4 Papageien?

8

4

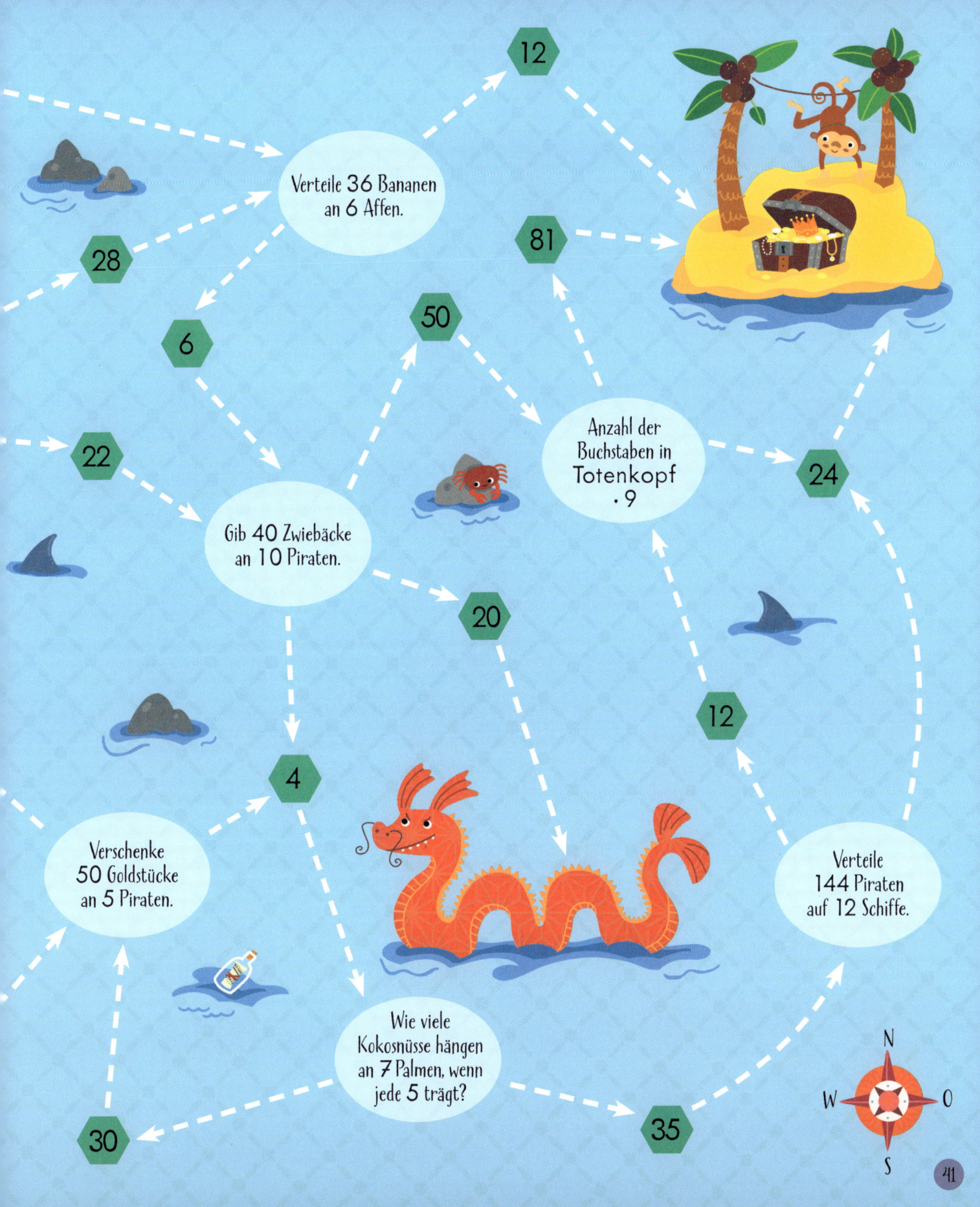

12

Verteile 36 Bananen an 6 Affen.

28

6

50

81

22

Anzahl der Buchstaben in Totenkopf · 9

24

Gib 40 Zwiebäcke an 10 Piraten.

20

12

4

Verschenke 50 Goldstücke an 5 Piraten.

Verteile 144 Piraten auf 12 Schiffe.

Wie viele Kokosnüsse hängen an 7 Palmen, wenn jede 5 trägt?

30

35

N
W · O
S

Auf dem Jahrmarkt

9 18 27

Kannst du die fehlenden Zahlen auf den Wimpeln ergänzen?

Wenn du zwei gleichfarbige Dosen triffst, werden die Punkte darauf miteinander mal genommen. Wie viele gibt es für jedes Paar?

11 7 8 6

3 1 2 5

⬜ = 22   ⬜ =

⬜ =   ⬜ =

Ergänze die Zahlen auf dem Spiel „Hau den Lukas".

H A U   D E N   L U K A S

-144
-132
-
-96
-
-72
-
-
-36
-24
-12

Male die Fenster und Räder nach diesem Schlüssel aus.

48 24 60 12

72 18 36 16

Erkennst du ein Muster?

6 · 6

3 · 8

12 · 3

4 · 12   2 · 6

4 · 4   5 · 12

3 · 6   8 · 9

63 81

4 6 28 33 20

24 8 12 9 16 1

Um mich zu gewinnen, musst du alle Kokosnüsse aus der 8er-Reihe treffen.

Treffe alle Kokosnüsse aus der 4er-Reihe, um mich zu gewinnen.

Wie viele Treffer brauchst du, um den Löwen zu bekommen?

Wie viele Treffer brauchst du, um den Panda zu erhalten?

Für welche Ente gibt es die meisten Punkte?

Rote Enten: Nimm die Zahl mit 7 mal.

Gelbe Enten: Nimm die Zahl mit 5 mal.

8 4 9
11 2 7 12 3

2 · 12

9 · 4

4 · 6

8 · 6   4 · 3

8 · 2   10 · 6

2 · 9   12 · 6

Krabbeltiere

Male die Waben mit den Ergebnissen der Aufgaben aus, um der Bienenkönigin den Weg zu zeigen. Streiche die Aufgaben durch, für die du die Lösung gefunden hast.

7 · 5

12 · 6

8 · 7

~~6 · 7~~

12 · 9

9 · 7

2 · 4

8 · 8

9 · 3

9 · 4

10 · 11

			36		
100	132			48	
		14	108		84
	37	110		70	
		56	10		12
32	112	17		24	
64			63	6	77
42	80	8			121
35		27	49		
15	72		21	4	
18	82	60	67		
120					
43	88				

Welches Paar gewinnt das Rennen? Multipliziere ihre Nummern miteinander. Das Team mit dem größten Ergebnis gewinnt. Auf den Stickerseiten findest du einen Pokal für die Sieger.

4 11 ☐

8 5 ☐

10 6 ☐

9 12 ☐

6 5 ☐

12 4 ☐

Welches Bild formen die Glühwürmchen am Nachthimmel? Verbinde die
Lösungen zu den Aufgaben in der Mondsichel der Reihe nach miteinander.

6 · 6
9 · 5
5 · 6
4 · 8
9 · 10
6 · 9
8 · 3
12 · 6
2 · 8
4 · 11
2 · 7
8 · 12
4 · 9

Mit dem Einmaleins durch die Stadt

ALLE REIHEN

Der Postbote soll diese Briefe in der folgenden Reihenfolge zustellen. Kannst du seine Strecke einzeichnen?

8 · 5

9 · 7

6 · 6

5 · 11

8 · 4

12 · 9

2 · 10

7 · 6

4 · 4

Kreise jeweils die richtige Antwort ein.

Welcher Brief geht an ein Haus mit einer roten Tür?

10 · 4

oder

8 · 3

Welcher Brief geht an ein Haus mit einem blauen Dach?

7 · 7

oder

3 · 7

Welcher Brief geht an ein Haus mit zwei Schornsteinen?

2 · 3

oder

4 · 8

Flugschau

Vervollständige die Reihen auf den Bannern der Flugzeuge.

7er ⟶ 21

24

Klebe die Sticker nach den folgenden Anweisungen auf die Ballons:

Zahlen aus der 5er Reihe sind rot.
Zahlen aus der 7er Reihe sind gelb.
Zahlen aus der 9er Reihe sind lila.
Zahlen aus der 11er Reihe sind grün.
Zahlen aus der 12er Reihe sind rosa.

33
25
27 96

9 28
22 10

15 14
66 54

56
33
24
40

48
121 49
81

12
18 30
42

28							

120	132	**12er**

Lies die Hinweise und klebe die Propellersticker auf die passenden Hubschrauber.

Der Hubschrauber, dessen Nummer größer als 9 · 11 ist, hat einen gelben Propeller.

54

20

Der Hubschrauber, dessen Nummer kleiner als 8 · 3, aber größer als 4 · 4 ist, hat einen grünen Propeller.

36

Der rote Propeller gehört zum Hubschrauber, dessen Nummer gleich 6 · 6 und 12 · 3 ist.

100

Die Nummer des Hubschraubers mit dem blauen Propeller ist größer als 10 · 5, aber kleiner als 7 · 8.

Auf Safari

Löse die Aufgaben, um den Jeeps ihren Weg zu zeigen. Wo endet ihre Fahrt?

Start

In 7 blaue Jeeps passen 42 Personen. Wie viele Personen sitzen in jedem Jeep?

6

9

Verteile 45 Insekten an 5 Erdmännchen.

8

20

7

Start

Jeder rote Jeep hat 4 Räder. Wie viele Räder haben 8 rote Jeeps?

30

32

Wie viele Beine haben 5 Giraffen?

Teile 121 Blätter unter 11 Giraffen auf.

8

7

56

Anzahl der Buchstaben in Krokodile · 12

8 Schlangen haben insgesamt 64 Flecken. Wie viele Flecken hat 1 Schlange?

10

108

20

7

Wie viele Ohren haben 10 Elefanten?

Verteile 25 Fische an 5 Krokodile.

5

Löwencamp

Anzahl der Buchstaben in Rhinozeros · 7

80

4 Löwenfamilien haben jeweils 2 Junge. Wie viele Löwenjunge sind es insgesamt?

8

12

70

4

36

18

Flamingos stehen gerne auf 1 Bein. Auf wie vielen Beinen stehen 12 Flamingos?

Wie viele Pfoten haben 9 Geparde?

80

12

11

Anzahl der Buchstaben in Pavian · 9

57

15

6 Touristen machen je 3 Fotos von den Leoparden. Wie viele Fotos schießen sie insgesamt?

18

54

16

Verteile 42 Nüsse an 6 Affen.

Wie viele Hufe haben 4 Zebras?

22

7

20

Dschungelcamp

Flaschenpost

Kannst du diese beiden Nachrichten entschlüsseln?
Verwende den Code links und schreibe die Buchstaben in die Kreise.

Code

12 = a
16 = b
20 = d
24 = e
25 = g
32 = i
35 = k
36 = n
40 = o
48 = r
60 = s
72 = t
84 = u
108 = w
132 = ß

4·6 4·8 3·12
◯ ◯ ◯

4·12 3·8 6·12 8·9 12·7 6·6 5·5 6·10 8·2 10·4 5·8 12·6
◯ ◯ ◯ ◯ ◯ ◯ ◯ ◯ ◯ ◯ ◯ ◯

8·4 12·5 9·8
◯ ◯ ◯

7·12 9·4 6·12 12·2 8·6 9·12 6·4 5·5 10·6
◯ ◯ ◯ ◯ ◯ ◯ ◯ ◯ ◯

6·6 8·3 4·8 12·3   4·5 3·4 4·9 7·5 2·12
◯ ◯ ◯ ◯   ◯ ◯ ◯ ◯ ◯

5·5 4·6 6·6 8·4 3·8 11·12 12·2 3·12
◯ ◯ ◯ ◯ ◯ ◯ ◯ ◯

10·2 6·4 9·4
◯ ◯ ◯

12·5 8·9 12·4 6·2 6·6 5·4
◯ ◯ ◯ ◯ ◯ ◯

Inselhopping

Finde eine Strecke, auf der die Fähre an allen Inseln vorbeifährt. Löse dazu die Aufgaben rechts und verbinde die Ergebnisse der Reihe nach miteinander.

3 · 5
3 · 10
8 · 8
5 · 5
5 · 11
2 · 7
6 · 8
3 · 4
4 · 7
5 · 12
7 · 10
3 · 9
9 · 4
2 · 4
9 · 12
8 · 10
4 · 11
4 · 5
4 · 8
2 · 11
3 · 6
5 · 8

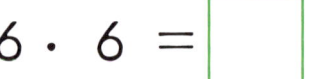

$3 \cdot 3 =$ ☐

$9 \cdot 9 =$ ☐

$7 \cdot 10 =$ ☐

$2 \cdot 7 =$ ☐

$9 \cdot 12 =$ ☐

$10 \cdot 10 =$ ☐

$7 \cdot 12 =$ ☐

$4 \cdot 6 =$ ☐

$6 \cdot 8 =$ ☐

$10 \cdot 7 =$ ☐

$6 \cdot 9 =$ ☐

$12 \cdot 12 =$ ☐

$6 \cdot 6 =$ ☐

$5 \cdot 7 =$ ☐

$7 \cdot 9 =$ ☐

$4 \cdot 9 =$ ☐

$12 \cdot 11 =$ ☐

$9 \cdot 8 =$ ☐

$7 \cdot 7 =$ ☐

$8 \cdot 2 =$ ☐

$4 \cdot 11 =$ ☐

$12 \cdot 4 =$ ☐

$11 \cdot 10 =$ ☐

$3 \cdot 4 =$ ☐

Punkte   Sticker

Punkte   Sticker

$\dfrac{}{12}$ Alle Reihen

$\dfrac{}{12}$ Alle Reihen

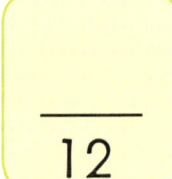

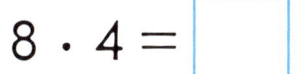

8 · 4 =

6 · 3 =

4 · 5 =

4 · 8 =

8 · 8 =

12 · 9 =

11 · 9 =

12 · 6 =

7 · 4 =

9 · 6 =

8 · 6 =

5 · 8 =

Punkte   Sticker

$\dfrac{}{12}$

Alle
Reihen

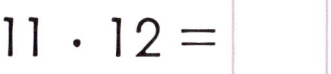

11 · 12 =

8 · 12 =

7 · 8 =

9 · 3 =

3 · 12 =

5 · 3 =

7 · 5 =

10 · 9 =

10 · 11 =

11 · 6 =

6 · 2 =

2 · 3 =

Punkte   Sticker

$\dfrac{}{12}$

Alle
Reihen

Zahlenrätsel

Klebe die Dreieckssticker so ein, dass nebeneinanderliegende Ecken zusammenpassende Aufgaben und Lösungen enthalten.

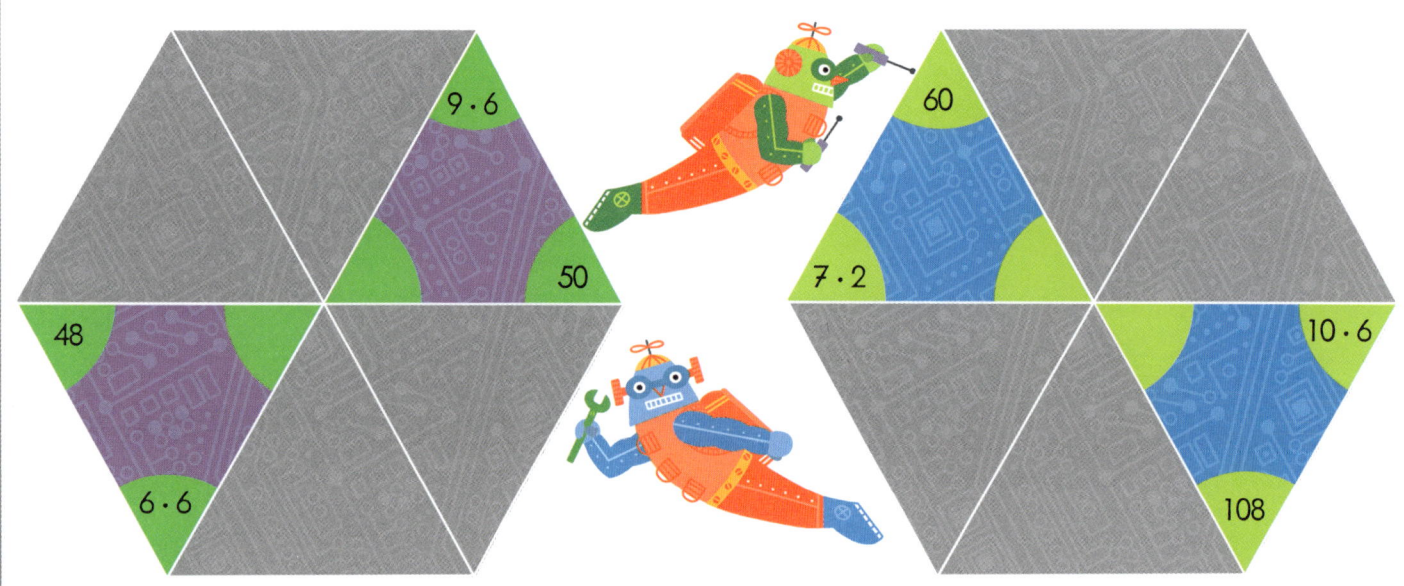

In den Quadraten stehen immer die Ergebnisse, die man erhält, wenn man die Zahlen in den zwei benachbarten Kreisen multipliziert. Kannst du die Lücken ausfüllen?

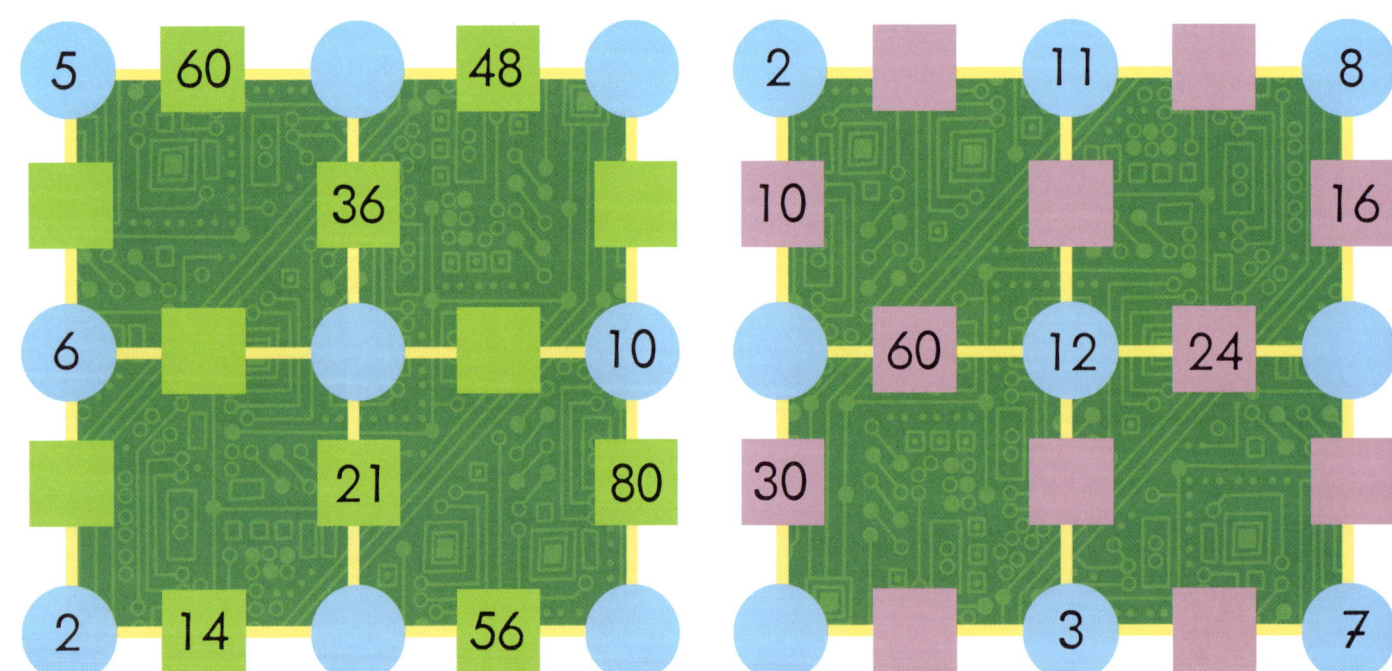

Welche Kreise muss man jeweils miteinander multiplizieren, um die Zahl in der Mitte des Roboters zu erhalten? Male sie aus.

Fülle die äußeren Kreise aus. Nimm dazu jede Zahl mit der Zahl in der Mitte mal.

Lösungen

S. 4–5 2er-Reihe

$4 \cdot 2 = 8$ Würmer
$6 \cdot 2 = 12$ Eicheln
$2 \cdot 3 = 6$ Flügel

8 Schmetterlinge sind 4 Paare. 16 Schmetterlinge sind 8 Paare. 10 Schmetterlinge sind 5 Paare.

Der Frosch frisst die Fliegen mit diesen Zahlen: 4, 18, 14, 22, 10, 6.

Die Spinne kann 16 Netze spinnen.

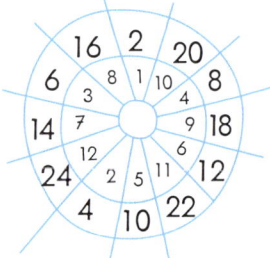

Die Zahlen auf der rosafarbenen Raupe lauten:
18, 16, 14, 12, 10
Die Zahlen auf der gelben Raupe lauten:
12, 14, 16, 18, 20, 22
Die Zahlen auf der blauen Raupe lauten:
4, 6, 8, 10, 12

S. 6–7 4er-Reihe

$3 \cdot 4 = 12$ Beine
$4 \cdot 2 = 8$ Knochen
$4 \cdot 4 = 16$ Punkte

Die Zahlen auf den Medaillen der Leguane lauten von links nach rechts: 36, 28, 48, 44.

S. 8–9 2er und 4er Zusatzübungen

Auf dem richtigen Trikot steht die Nummer 10.

Das T-Shirt mit der Sonne und der Nummer 24 darauf ist noch nass.

20 Socken = 10 Paare
10 Handschuhe = 5 Paare
8 Fäustlinge = 4 Paare
16 Wandersocken = 8 Paare

12 Wochen = 6 Kartons und 3 Flaschen
16 Wochen = 8 Kartons und 4 Flaschen
24 Wochen = 12 Kartons und 6 Flaschen

Die gepunkteten Socken gehören unter: 20, 12, 24, 8.
Die gestreiften Socken gehören unter: 2, 22, 10.

S. 10–11 5er-Reihe

$3 \cdot 5 = 15$ Leuchten $4 \cdot 5 = 20$ Anzeigen $5 \cdot 2 = 10$ Räder

Die Spur führt zu diesem Roboter:

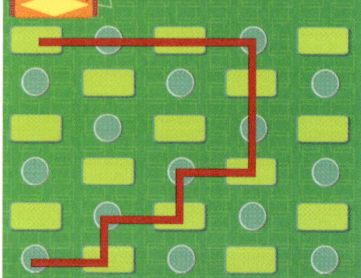

S. 12–13   10er-Reihe

$5 \cdot 10 = 50$ Stacheln $10 \cdot 3 = 30$ Augen
$6 \cdot 10 = 60$ Zähne

Diese Monster werden durchge-strichen:

In 7 Pfützen sitzen 70, in 9 Pfützen sitzen 90 und in 12 Pfützen sitzen 120 kleine Monster.

11 Spritzer verscheuchen 110 Monster, 5 Spritzer verscheuchen 50 und 2 Spritzer 20 Monster.

Ein großes Monster kann in 3 Minuten 30 kleine ver-schlingen, in 6 Minuten 60 und in 10 Minuten 100.

S. 14–15   5er und 10er Zusatzübungen

Der Außerirdische mit der Nummer 35 wurde für die Weltraummission ausgewählt.

Die Kraterlösungen lauten:
$5 \cdot 3 = 15$ $10 \cdot 6 = 60$
$10 \cdot 9 = 90$ $7 \cdot 5 = 35$

Die Lösungen auf den Planeten lauten von links nach rechts:
$4 \cdot 5 = 20$ Tage
$5 \cdot 2 = 10$ Tage
5 Planeten
30 Tage
45 Tage

S. 16–17   Schnelle Runde

$2 \cdot 2 = 4$	$10 \cdot 4 = 40$	$5 \cdot 5 = 25$	$8 \cdot 10 = 80$
$4 \cdot 2 = 8$	$7 \cdot 4 = 28$	$9 \cdot 5 = 45$	$9 \cdot 10 = 90$
$6 \cdot 2 = 12$	$5 \cdot 4 = 20$	$11 \cdot 5 = 55$	$3 \cdot 10 = 30$
$11 \cdot 2 = 22$	$2 \cdot 4 = 8$	$2 \cdot 5 = 10$	$6 \cdot 10 = 60$
$3 \cdot 2 = 6$	$6 \cdot 4 = 24$	$6 \cdot 5 = 30$	$4 \cdot 10 = 40$
$1 \cdot 2 = 2$	$12 \cdot 4 = 48$	$3 \cdot 5 = 15$	$12 \cdot 10 = 120$
$10 \cdot 2 = 20$	$9 \cdot 4 = 36$	$10 \cdot 5 = 50$	$10 \cdot 10 = 100$
$12 \cdot 2 = 24$	$11 \cdot 4 = 44$	$8 \cdot 5 = 40$	$2 \cdot 10 = 20$
$9 \cdot 2 = 18$	$3 \cdot 4 = 12$	$4 \cdot 5 = 20$	$5 \cdot 10 = 50$
$5 \cdot 2 = 10$	$1 \cdot 4 = 4$	$12 \cdot 5 = 60$	$11 \cdot 10 = 110$
$8 \cdot 2 = 16$	$4 \cdot 4 = 16$	$7 \cdot 5 = 35$	$1 \cdot 10 = 10$
$7 \cdot 2 = 14$	$8 \cdot 4 = 32$	$1 \cdot 5 = 5$	$7 \cdot 10 = 70$

S. 18–19   3er-Reihe

$2 \cdot 3 = 6$ Fähnchen
$3 \cdot 3 = 9$ Blumen
$3 \cdot 4 = 12$ Eiskugeln

Diese Muscheln sind nicht aus der 3er-Reihe: 14, 23, 32.

Die Zahlenfolge ist die 3er-Reihe: 3, 6, 9, 12, 15, 18, 21, 24, 27, 30, 33, 36.

S. 20–21   6er-Reihe

$3 \cdot 6 = 18$ Saftpackungen
$6 \cdot 8 = 48$ Cupcakes
$6 \cdot 6 = 36$ Bagels

Einkaufsliste:
12 Brötchen
36 Tomaten
24 Grissini
18 Müsliriegel
60 Kirschen
6 Äpfel

Die 6er-Reihe auf den Eier-kartons lautet: 6, 12, 18, 24, 30, 36, 42, 48, 54, 60, 66, 72.

Auf einen Teller kommen 3 Kokoskekse, 2 Schokokekse und 4 Kekse mit Kirschfüllung.

Diese Lebensmittel sind in der 6er-Reihe enthalten:

S. 22–23   3er und 6er Zusatzübungen

Folgende Federbälle sind in der 3er- und 6er-Reihe enthalten:

12, 6, 24, 18, 36, 30.

Der Basketball mit der Nummer 18 bleibt übrig.

Der Skifahrer mit den blauen Flaggen gewinnt 42 Punkte.

Der Skifahrer mit den roten Flaggen gewinnt 24 Punkte.

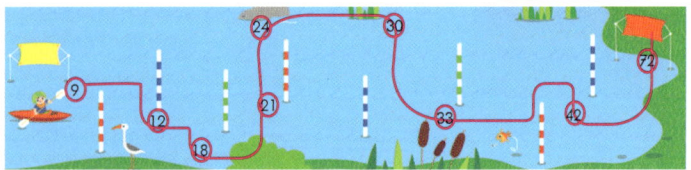

S. 24–25   7er-Reihe

$2 \cdot 7 = 14$ Glöckchen
$7 \cdot 3 = 21$ Fische

Messpunkt 3 : 21 Tage
Messpunkt 5 : 35 Tage
Messpunkt 7 : 49 Tage
63 Tage: Messpunkt 9
77 Tage: Messpunkt 11

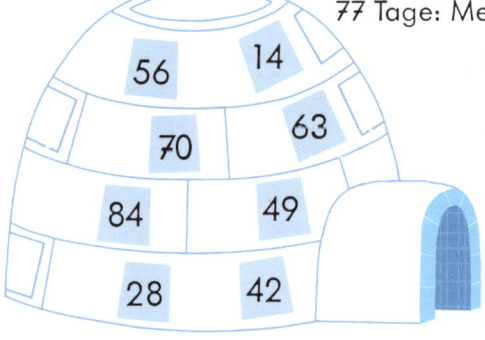

Folgende Fische werden gefangen: 56, 21, 42, 63, 35, 84, 70.

Verbinde die Punkte: Unter dem Eis schwimmt eine Robbe.

S. 26–27   8er-Reihe

$3 \cdot 8 = 24$ Arme
$8 \cdot 6 = 48$ Stacheln

Das Seepferdchen mit der „$2 \cdot 8$" hat die kleinste Zahl. Der Fisch mit der „96" hat die größte Zahl.

S. 28–29   Schnelle Runde

$8 \cdot 3 = 24$	$6 \cdot 6 = 36$	$1 \cdot 7 = 7$	$4 \cdot 8 = 32$
$1 \cdot 3 = 3$	$10 \cdot 6 = 60$	$9 \cdot 7 = 63$	$6 \cdot 8 = 48$
$7 \cdot 3 = 21$	$3 \cdot 6 = 18$	$11 \cdot 7 = 77$	$9 \cdot 8 = 72$
$6 \cdot 3 = 18$	$4 \cdot 6 = 24$	$12 \cdot 7 = 84$	$12 \cdot 8 = 96$
$3 \cdot 3 = 9$	$7 \cdot 6 = 42$	$6 \cdot 7 = 42$	$2 \cdot 8 = 16$
$9 \cdot 3 = 27$	$12 \cdot 6 = 72$	$3 \cdot 7 = 21$	$7 \cdot 8 = 56$
$5 \cdot 3 = 15$	$2 \cdot 6 = 12$	$10 \cdot 7 = 70$	$3 \cdot 8 = 24$
$10 \cdot 3 = 30$	$11 \cdot 6 = 66$	$7 \cdot 7 = 49$	$5 \cdot 8 = 40$
$4 \cdot 3 = 12$	$8 \cdot 6 = 48$	$4 \cdot 7 = 28$	$8 \cdot 8 = 64$
$12 \cdot 3 = 36$	$1 \cdot 6 = 6$	$8 \cdot 7 = 56$	$11 \cdot 8 = 88$
$11 \cdot 3 = 33$	$9 \cdot 6 = 54$	$5 \cdot 7 = 35$	$10 \cdot 8 = 80$
$2 \cdot 3 = 6$	$5 \cdot 6 = 30$	$2 \cdot 7 = 14$	$1 \cdot 8 = 8$

S. 30–31   9er-Reihe

$2 \cdot 9 = 18$ Reagenzgläser
$9 \cdot 5 = 45$ Kristalle

3 Pipetten enthalten 27 Tropfen.
8 Pipetten enthalten 72 Tropfen.
12 Pipetten enthalten 108 Tropfen.

8 Reaktionen ergeben 72 Blasen. 4 Reaktionen ergeben 36 Blasen. 11 Reaktionen ergeben 99 Blasen.

Sie braucht 18 Reagenzgläser für 2 Experimente, 54 Reagenzgläser für 6 Experimente und 81 Reagenzgläser für 9 Experimente.

Folgende Blasen bleiben übrig: 18, 45, 36, 81, 99, 27

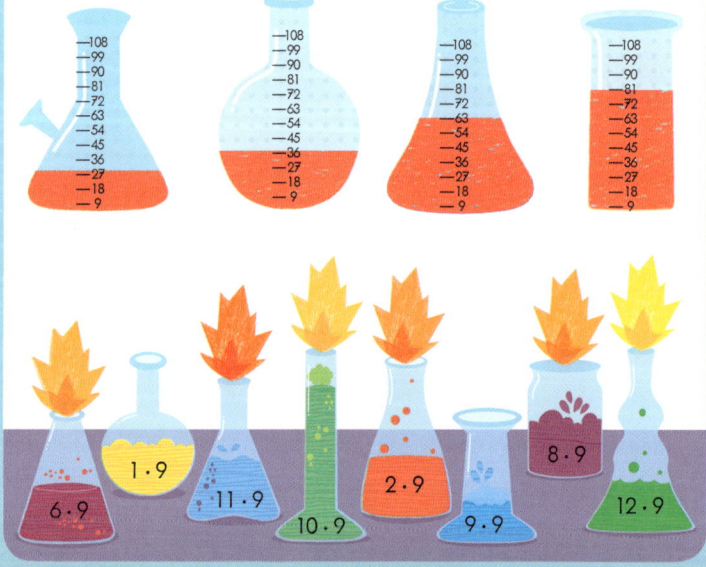

S. 32–33 7er-, 8er- und 9er Zusatzübungen

Für 64 Cupcakes werden 8 Schachteln benötigt.

Die Automaten backen, von links nach rechts, 28 Kuchen, 42 Kuchen und 21 Kuchen.

Die Kunden möchten von links nach rechts 14 Cupcakes, 27 Cupcakes und 32 Cupcakes.

Der Cupcake sollte mit 5 Sternen, 4 Blumen, 3 Zuckerstreuseln und 6 Liebesperlen verziert sein.

Für 7 Kuchen
7 Eier
14 Orangen
21 Zitronen
28 Tassen Zucker
35 Tassen Mehl

Für 8 Kuchen
8 Eier
16 Orangen
24 Zitronen
32 Tassen Zucker
40 Tassen Mehl

Für 9 Kuchen
9 Eier
18 Orangen
27 Zitronen
Tassen Zucker
45 Tassen Mehl

S. 34–35 11er-Reihe

$3 \cdot 11 = 33$ Räder
$11 \cdot 8 = 88$ Rauten

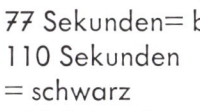

Das Auto erreicht diese Fahnen:
11 Sekunden = schwarz
44 Sekunden = orange
55 Sekunden = gelb
77 Sekunden = blau
110 Sekunden = schwarz
132 Sekunden = rosa

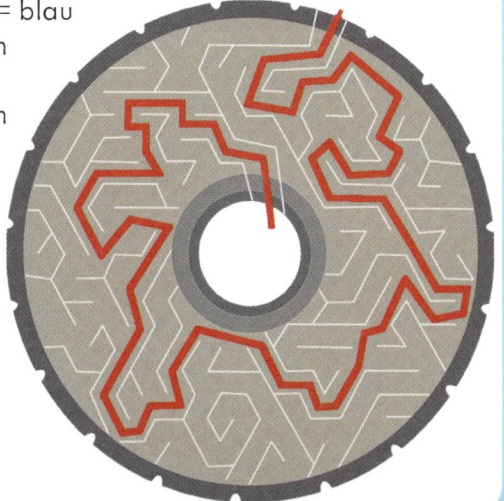

Die Mechaniker brauchen 132 Sekunden.

S. 36–37 12er-Reihe

$3 \cdot 12 = 36$ Sterne
$12 \cdot 2 = 24$ Fenster

Einkaufsliste:
48 Zwiebeln
24 Hähnchen
120 Kartoffeln
36 Brotlaibe
72 Äpfel
60 Würste

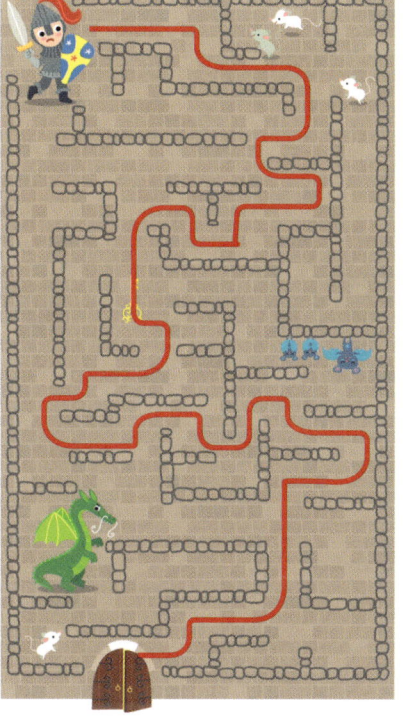

Von oben nach unten gewinnen die Bogenschützen 36, 48, 60 Punkte.

S. 38–39 Schnelle Runde

$11 \cdot 9 = 99$	$2 \cdot 11 = 22$	$6 \cdot 12 = 72$	$12 \cdot 3 = 36$
$9 \cdot 9 = 81$	$11 \cdot 11 = 121$	$3 \cdot 12 = 36$	$8 \cdot 8 = 64$
$4 \cdot 9 = 36$	$3 \cdot 11 = 33$	$11 \cdot 12 = 132$	$6 \cdot 10 = 60$
$12 \cdot 9 = 108$	$10 \cdot 11 = 110$	$5 \cdot 12 = 60$	$4 \cdot 4 = 16$
$7 \cdot 9 = 63$	$1 \cdot 11 = 11$	$4 \cdot 12 = 48$	$12 \cdot 10 = 120$
$1 \cdot 9 = 9$	$12 \cdot 11 = 132$	$1 \cdot 12 = 12$	$11 \cdot 12 = 132$
$8 \cdot 9 = 72$	$5 \cdot 11 = 55$	$2 \cdot 12 = 24$	$8 \cdot 6 = 48$
$3 \cdot 9 = 27$	$4 \cdot 11 = 44$	$7 \cdot 12 = 84$	$8 \cdot 7 = 56$
$6 \cdot 9 = 54$	$6 \cdot 11 = 66$	$10 \cdot 12 = 120$	$12 \cdot 6 = 72$
$10 \cdot 9 = 90$	$7 \cdot 11 = 77$	$12 \cdot 12 = 144$	$3 \cdot 9 = 27$
$2 \cdot 9 = 18$	$9 \cdot 11 = 99$	$8 \cdot 12 = 96$	$9 \cdot 4 = 36$
$5 \cdot 9 = 45$	$8 \cdot 11 = 88$	$9 \cdot 12 = 108$	$9 \cdot 9 = 81$

S. 40–41   Schatzsuche

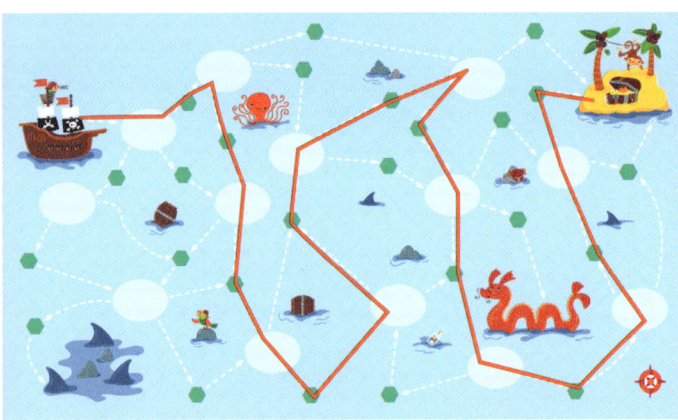

S. 42–43   Auf dem Jahrmarkt

 = 22   = 24

= 6   = 35

Auf den Wimpeln steht die 9er-Reihe: 9, 18, 27, 36, 45, 54, 63, 72, 81, 90, 99, 108.

Auf dem Spiel „Hau den Lukas" steht die 12er-Reihe: 12, 24, 36, 48, 60, 72, 84, 96, 108, 120, 132, 144.

Man braucht 3 Treffer, um den Löwen zu gewinnen (24, 8, 16), und 7 Treffer für den Panda (4, 28, 20, 24, 8, 12, 16).

Für diese Ente gibt es die meisten Punkte.

Das Muster auf dem Zug sieht so aus:

S. 44–45   Krabbeltiere

				36	
	100	132	48		
		14	108	84	
	37	110	8		
32	56	10	12		
64	80	112	17	24	
42	35	8	63	6	77
15	72	27	49	121	
18	82	21	4		
120	60	67			
43	88				

Dieses Insektenpaar gewinnt das Rennen.
$9 \cdot 12 = 108$

S. 46–47   Mit dem Einmaleins durch die Stadt

$8 \cdot 3$ Dieser Brief geht an ein Haus mit einer roten Tür.

$3 \cdot 7$ Dieser Brief geht an ein Haus mit einem blauen Dach.

$2 \cdot 3$ Dieser Brief geht an ein Haus mit zwei Schornsteinen.

S. 48–49   Flugschau

7er-Banner:
7, 14, 21, 28, 35, 42, 49, 56, 63, 70, 77, 84
12er-Banner:
12, 24, 36, 48, 60, 72, 84, 96, 108, 120, 132, 144

Hubschrauber 54 hat einen blauen Propeller.
Hubschrauber 20 hat einen grünen Propeller.
Hubschrauber 36 hat einen roten Propeller.
Hubschrauber 100 hat einen gelben Propeller.

S. 50–51   Auf Safari

Die Fahrt des blauen Jeeps führt zum Löwencamp.
Die Fahrt des roten Jeeps führt zum Dschungelcamp.

S. 52–53   Flaschenpost/Inselhopping

Die erste Nachricht lautet: Ein Rettungsboot ist unterwegs.

Die zweite Nachricht lautet: Nein danke, genießen den Strand.

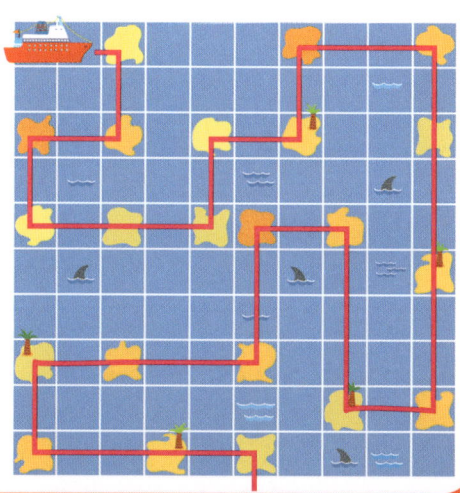

S. 54–55   Schnelle Runde

$3 \cdot 3 = 9$	$6 \cdot 6 = 36$	$8 \cdot 4 = 32$	$11 \cdot 12 = 132$
$9 \cdot 9 = 81$	$5 \cdot 7 = 35$	$6 \cdot 3 = 18$	$8 \cdot 12 = 96$
$7 \cdot 10 = 70$	$7 \cdot 9 = 63$	$4 \cdot 5 = 20$	$7 \cdot 8 = 56$
$2 \cdot 7 = 14$	$4 \cdot 9 = 36$	$4 \cdot 8 = 32$	$9 \cdot 3 = 27$
$9 \cdot 12 = 108$	$12 \cdot 11 = 132$	$8 \cdot 8 = 64$	$3 \cdot 12 = 36$
$10 \cdot 10 = 100$	$9 \cdot 8 = 72$	$12 \cdot 9 = 108$	$5 \cdot 3 = 15$
$7 \cdot 12 = 84$	$7 \cdot 7 = 49$	$11 \cdot 9 = 99$	$7 \cdot 5 = 35$
$4 \cdot 6 = 24$	$8 \cdot 2 = 16$	$12 \cdot 6 = 72$	$10 \cdot 9 = 90$
$6 \cdot 8 = 48$	$4 \cdot 11 = 44$	$7 \cdot 4 = 28$	$10 \cdot 11 = 110$
$10 \cdot 7 = 70$	$12 \cdot 4 = 48$	$9 \cdot 6 = 54$	$11 \cdot 6 = 66$
$6 \cdot 9 = 54$	$11 \cdot 10 = 110$	$8 \cdot 6 = 48$	$6 \cdot 2 = 12$
$12 \cdot 12 = 144$	$3 \cdot 4 = 12$	$5 \cdot 8 = 40$	$2 \cdot 3 = 6$

S. 56–57   Zahlenrätsel

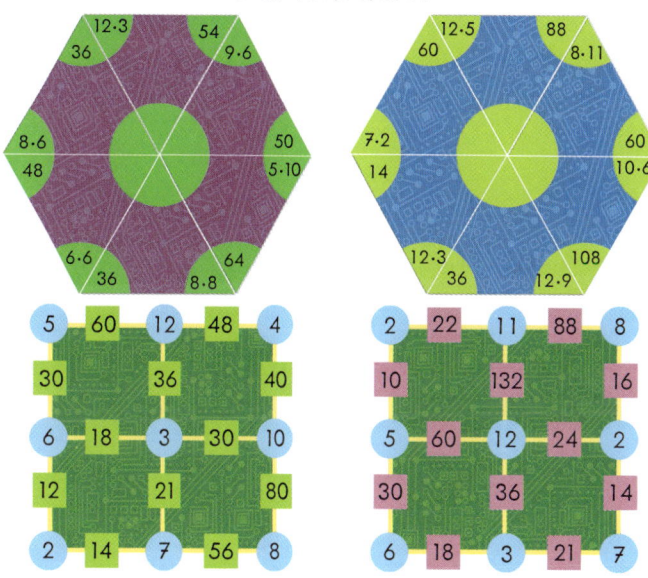

Das größte Vielfache von 12 ist 84. Das größte Vielfache von 7 ist 77. Das größte Vielfache von 5 ist 55.

Einmaleins-Tabelle

In dieser Einmaleins-Tabelle findest du die Lösung für alle Aufgaben des Einmaleins bis 12.
Ein Beispiel: Wenn du wissen möchtest, wie viel 7 · 5 ist, fahre mit einem Zeigefinger von der 7
in der roten Zeile nach unten und mit dem anderen von der 5 in der grünen Spalte nach rechts.
Wo die beiden sich treffen, steht die Lösung: 35. Probiere es selbst aus.

Suche dir eine Zahl aus der grünen Spalte ...

... und eine Zahl aus der roten Zeile aus.

X	1	2	3	4	5	6	7	8	9	10	11	12
1	1	2	3	4	5	6	7	8	9	10	11	12
2	2	4	6	8	10	12	14	16	18	20	22	24
3	3	6	9	12	15	18	21	24	27	30	33	36
4	4	8	12	16	20	24	28	32	36	40	44	48
5	5	10	15	20	25	30	35	40	45	50	55	60
6	6	12	18	24	30	36	42	48	54	60	66	72
7	7	14	21	28	35	42	49	56	63	70	77	84
8	8	16	24	32	40	48	56	64	72	80	88	96
9	9	18	27	36	45	54	63	72	81	90	99	108
10	10	20	30	40	50	60	70	80	90	100	110	120
11	11	22	33	44	55	66	77	88	99	110	121	132
12	12	24	36	48	60	72	84	96	108	120	132	144

Einfacher geht's nicht!

Über und unter dieser rosafarbenen Linie wiederholen sich die Zahlen.

Redaktion der Originalausgabe: Rosie Dickins   Gestaltung: Zoe Wray
Übersetzung aus dem Englischen: Heike Osborne • Redaktion der deutschen Ausgabe: Cornelia True

2er 4er

Hänge diese Socken an die Wäscheleine auf Seite 9. Beachte dabei die Regeln.

5er 10er

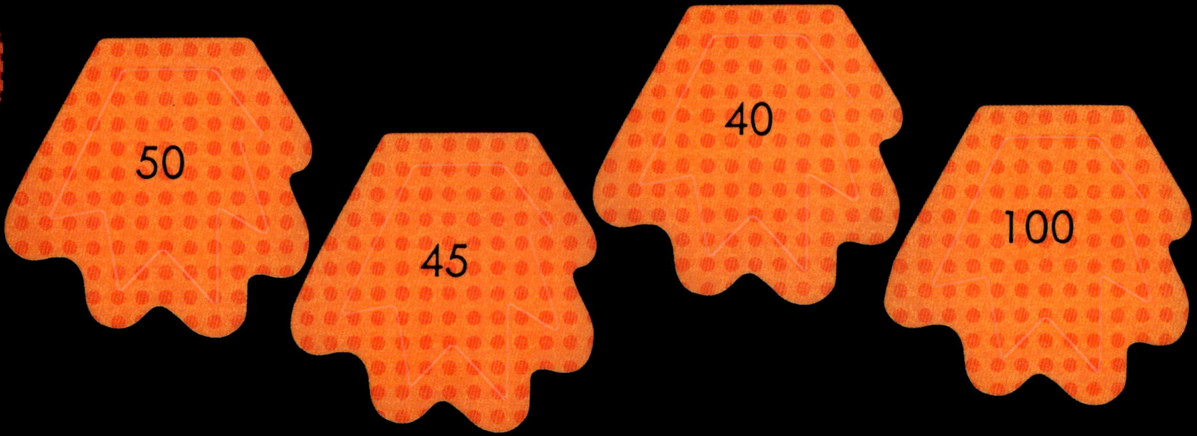

Klebe diese Antriebsflammen unter die passenden Raketen auf Seite 14.

50

45

40

100

6er

Wie viele Kekse kommen auf den Teller auf Seite 21?

Kokoskekse

Schokokekse

Kekse mit Kirschfüllung

7er

Vervollständige das Iglu auf Seite 25 mit diesen Stickern.

63

49

42

56

14

28

84

70

9er

Lass mit diesen Stickern die richtigen Blasen auf Seite 31 platzen.

PLOPP! PLOPP! PLOPP! PLOPP! PLOPP!

Klebe diese Explosionsflammen über die richtigen Kolben auf Seite 31.

Setze genug Schachteln auf das Fließband auf Seite 32, um 64 Cupcakes zu erhalten. Jede Schachtel enthält 8 Cupcakes.

11er

Klebe diese Rennautos auf die Startpositionen mit den passenden Aufgaben auf Seite 34.

 22

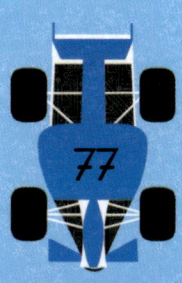 77

 55

 121

Krabbeltiere

Belohne die Sieger im Insektenrennen
auf Seite 44–45 mit diesem Pokal.

Klebe diese Propeller über die
richtigen Hubschrauber auf
Seite 49.

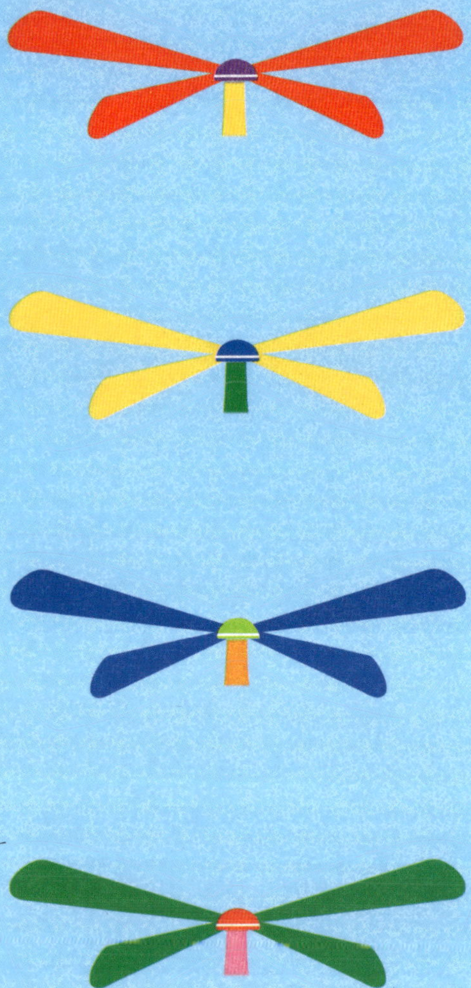

Flugschau

Dekoriere mit diesen Stickern die Ballons auf Seite 48.

Zahlenrätsel

Diese Sticker brauchst du für das Zahlenrätsel auf Seite 56.

36

8·6

5·10

64

36

8·8

12·3

54

12·5

88

36

12·9

14

12·3

8·11

60

Schnelle Runde

Klebe einen Stern unter jede Wiederholungsliste, die du abgeschlossen hast. Die anderen Sticker kannst du verwenden, wo du möchtest.

2er

3er

4er

5er

6er

7er

8er

9er

10er

11er

12er

Alle Reihen

Alle Reihen

Alle Reihen

Alle Reihen

Alle Reihen

Gut gemacht!

Spitze!